その翌日から、（父の記憶によると）、私は毎晩父が帰ってくると玄関で「お帰りなさい」という前に「ＬＥＤは？」と聞くようになった。後年父に聞いたところでは、当時会社が忙しく、実は現実に目を光らせる作業をするつもりはまったくなかったらしい。だが、私が毎晩しつこく「ＬＥＤ」と言い続けたので、遂に父は根負けし、日曜日にＬＥＤをガンダムの目に埋め込み、背中のバックパックに電池を入れられるようにする作業をしてくれた。

しかし、出来上がったガンダムの目を見て、私は失望した。ガンダムの目が、ＬＥＤの形に合うようにドリルで穴を空けられ、真ん丸になってしまったからである。とはいえ、父がせっかくの休みに時間を削ってこの目を光らせる作業をしてくれたこともわかっているので、不満を言うこともできなかった。この後私は、今から振り返ってみても自分で自分のしたことに驚いてしまうのだが、このガンダムの取扱説明書に印刷されたボックスアートのガンダムの目を、ボールペンで丸く塗りつぶした。恐らく、説明書に印刷された目を丸く塗ることで、もともとガンダムの目は丸かったということにして、受け入れがたい現実を受け入れようとしたのだろう。

このような子どもの頃の思い出話も含めた話が好評だったのかどうかは定かではないが、物珍しい話題のためか、あるいはセンターにガンプラを持ち込んで飾ったのもあってか、センター長曰く「これまで集まったことのない人数」をセンターに集めてしまったようである。この出来事は、私に、趣味の話を「研究」として話したり、学会で話題にしたりすることを「解禁」させてしまった。その後、こうした話を学内でしたことを学会等で知り合いになった研究者に話すと、自分もガンダムが好きだ、と言ってくれる若い研究者が複数いたので、「ガンダム会」を結成して、年一回、私の研究室に集い、さらには居酒屋に移動してガンダム談義に花を咲かせるようになった（コロナ禍以降活動休止中）。

本書は、こうした流れの中で作られた成果である。私自身、ガンプラは趣味で作っていただけで研究対象としていたわけではないし、本書に集った執筆者が報告している内容も、もともとは「自分の趣味」のレヴェルでの話である。従って、本書に執筆された内容は、執筆者にとっては「夜店」「支店」の類いなのかもしれない。が、この「夜店」「支店」によって、執筆者に隠されていた魅力が引き出されているはずである。

序章では、「未来を育てるマナビラボ」でYouTubeにランシエールなどの解説動画を収録して公開した経験をもつ田中智輝が、今日における学びの場におけるオンラインコンテンツ配信の可能性と問題、あるいは、そもそも「ポップカルチャー」と「教育」がどのように連関させられてきたかという問題を論じる。

第1章では、渡辺哲男が、先の人文研フォーラムで話した内容の一部でもある「グフ」のプラモデルのヴァージョンアップによる説明書の記載の変化が、宇宙世紀の歴史を「いかにもありそうなもの」であるように形成していく過程に注目し、そこから「論理的思考」の再考をめざす。

第2章では、間篠剛留が、近年の『週刊少年ジャンプ』に掲載されたスポーツマンガをケースにして、今日的な道徳の授業には単純に落とし込むことができない、人間の「努力」のリアルを描き出している。マンガという虚構のなかにこそ、人間のリアルが描き出されているのだという視点から生み出された論となっている。

第3章では、『ジョジョの奇妙な冒険』を愛読してきた小山裕樹が、原作者荒木飛呂彦の、東日本大震災以前以後における思考の変容を、同作の第七部と第八部を比較することで明らかにしている。小山が「球体」に着眼するのは、ヘルバルト研究者として、実に「らしい」。

第4章から第6章までは、まったくの偶然だが、「現実」と「虚構」、そしてコロナ禍をテーマにした論稿が揃った。

村松灯が執筆した第4章は、近年通用するようになった「推し」と「現実」、「虚構」をめぐる考察である。アイドルなどを「推す」ということは、単に熱烈に応援するということにとどまらない内実を有することが詳らかに論じられるのだが、私のようなガンオタが虚構世界で文化を花開かせていたのとは対照的に、推し文化時代のオタクは、あくまで現実世界にとどまりつつ「推す」らしい。村松はその文化的特徴を明らかにする。

二〇二〇年以降、コロナ禍によって、大学の授業や学会大会がオンラインに切り替わるという事態が起こった。私たちは、これまで経験したことのない状況を、今もなお過ごしているのだが、その他、従来対面で行われてきたさまざまなライブイベントも、中止されるか、代替手段による開催を余儀なくされている。コロナ禍以前は年間百本以上の音楽ライブイベントに参加していたという古仲素子は、第5章において、ライブイベントにおいて音楽を享受するということ、あるいはライブイベントそのものが有する特質について、その代替手段を参照枠として論じている。

こうした、従来対面で行われてきたイベントがコロナ禍で中止され、代替のイベントが試みられたという点では、第6章の山本一生が論じるコミックマーケットも同様である。大学では、オンライン授業にも一定の効果や意義があったと考える大学教員は一定数存在するように思われるが、古仲と山本は、音楽ライブもコミックマーケットも、対面に替わるものはないのだと結論する。そこには長年対面で当該のイベントに参加してきた当事者が、コロナ禍による代替を経験した上で、対面で得ていたものが何であったのかを、自分で自分のしてきたことを客観化するという困難な作業に挑戦したうえでの裏づけがある。

終章では、『ポップカルチャーの教育思想』という書を刊行するにあたり、無視することはできないと執筆者全員が見解を一致させた『エヴァンゲリオン』を再び渡辺が論じる。十代後半から四十代半ばにさしかかろうとする現在に至るまで、偶然だが、『エヴァ』は私の青年期以降の人生とともにあったといってもよい。この作品にはさまざまな批評が存在するだろうが、私なりの視点で、このたび公開された『新劇場版』を考察することにした。

このプロジェクトが始まったのが二〇一九年、その後コロナ禍の只中で本書の企画が本格化することになるが、「ポップカルチャー」はコロナ禍を生きる私たちが抱える問題を浮き彫りにするのに極めて有効な概念として機能することになった。第4章以下の章が、極めて時事的な問題に接近した「ホットな」内容になっているが、本書を通して貫かれているのは、いまを生きる私たちの文化形成がいかようにされているかという問いに、研究者自身の愛好するものという個別のケースから接近し、現代社会と人間をめぐる問題として考察しようとしている点にある。本書のタイトルには「教育思想」とあるが、単純にマンガや映画などを通して「教育」を読み解く、という内容ではない。

最後に、あらかじめお断りしておかなければならないことが一点ある。本書の性格上、本来は各章でケースとして用いた作品の図版を可能な限り掲載し、読者の理解の助けとしたいところであった。だが、マンガやアニメーションの一部分を図版として使用するためには、複雑なプロセスを経なければならない。今回の出版にあたっては、第3章のみ、引用の範囲でマンガの図版を使用している。例えば、ある章の図版については、ゲラを出版社に送付した時点で検討を開始したいという応答をいただき、出版助成を得て刊行する計画だった本書にあっては、この時点で図版掲載を断念せざるを得ないというケースもあった。こうした時間的な制約もあって、本書における図版の掲載は不十分なものとなってしまった。もちろん、図版の少なさを補う論述を心掛けたが、私たちが引用、参照した作品を座右において読んでいただくと、より本書の記述が理解し易くなるように思う。これでは逃げ口上が過ぎるというのならば、それぞれの執筆者が愛好する作品に少しでも興味をもっていただけたならば、当該の作品を実際に手に取っていただけると、とても嬉しい。

二〇二一年九月

執筆者を代表して　渡辺哲男

目　次

序　章　「ポップカルチャー」とは何か?
——デジタルメディア時代のポップカルチャーと教育をめぐって——

田中　智輝

はじめに

「ポップカルチャー」とは何か。本書ではさしあたり「高い訴求力をもち、多くの人々に受け入れられている文化全般」という意味で捉えておくことにしよう。具体的な対象としては、マンガ、アニメ、映画、テレビ、ゲーム、ポップミュージックやポップアート、小説の分野ではライトノベルなどが想定される[1]。また、近年においてはSNSやYouTubeをはじめとする動画配信サービスもここに含まれる。このように、ひとくちにポップカルチャーと言っても内実は多様であり、極めて変化に富んでいるためその全容を包括的に提示することは困難である。だが、考えてみればこうした多様性と変化、そして裾野の広さこそがポップカルチャーの性格を端的に示している。

本書の各章では、誰もがどこかで見聞きしたことのある作品が取り上げられている。ジャンルも年代もさまざまであり、ともすれば雑多な印象を与えるかもしれない。だが、そもそもポップカルチャーそのものが実に多様であり、移り変わりの激しいものであるとすれば、そうした印象は事柄の性質をそのまま反映しているとも言える。ポップカルチャーは全体と部分のような構造において包括的に捉えることが困難な対象であるが、しかし、そこに含まれる多様な作品群やそれらを受容する感性は複雑に交差し、時代や社会のあり方を象徴的に浮かび上がらせることがある。本書の試みは、いわばポップカルチャーというプリズムにおいて浮かび上がってくる現代社会のあり方や人間観を読み解く試みであり、このプリズムを生み出している主体（その主たる担い手である若者たち）や技術（アートやテクノロジー）の今日的なあり様を捉える試みである。よって、各章は特定の対象や事象にフォーカスした独立した論考であると同時に、上述の問いにおいてゆるやかにつながり、ポップカルチャーと教育をめぐる多彩な様相を描き出すものとなるよう構成されている。

以下では、各章の個別の論点に踏み込む前段階として、本書が主題としている「ポップカルチャー」と「教育」の関係について予備的な考察を示しておく。そのうえで、とりわけ近年のデジタルメディアの普及と発展に着目しつつ、ポップカルチャーと教育を考える今日的意義と課題を整理することで、本書の暫定的な見取り図を示すこととしたい。

1　教育にとって／おいてポップカルチャーはいかなる対象だったのか

カルチャー（culture）とは、「教養」や「文化」を意味する言葉であるが、今日においては一般的に後者の意味で使用される方が多いだろう。「ポップカルチャー」をタイトルに冠した本書もどちらかといえば「文化」という意味合いに比重が置かれている。とはいえ、「教養」としてのカルチャーの側面を軽視しているわけではない。カルチャーの語に含まれる「教養」としての性格は教育や学校と分かち難く結びつきながら形成されたものであり、「ポップカルチャーと教育」について考えようとするならば、まずは「教養」や教養主義と学校文化との関係を理解しておく必要がある。

「教養」としてのカルチャーと「文化」としてのカルチャーをめぐって、文化研究ではしばしばマシュー・アーノルドによる『教養と無秩序』とエドワード・タイラーの『原始文化』がその差異を示すものとして引き合いにだされる（石岡 2014：14–15）。イギリスの詩人で批評家であるマシュー・アーノルドの『教養と無秩序』（原題 *Culture and Anarchy*, 1869）において、「カルチャー」は「われわれにもっともかかわりの深いすべての問題について、世界でこれまでに考えられ語られた最善のものを知り、さらにこの知識を通じて、われわれのおきまりの思想と習慣に、新鮮な自由な思想の流れをそそぎかけるようにする」（Arnold 2022：5–6＝二）ものであると定義されている。こうした定義から窺えるように、アーノルドにおいてはカルチャーの「教養」としての意味合いが強調されており、人文主義的な知、すなわち西洋であればギリシャ語、ラテン語といった古典的な言語や、イギリスにおけるシェイクスピア、ドイツにおけるゲーテのような古典文学が想定されている。

こうした教養主義的なカルチャーの定義の背景にはパブリックスクール（日本の場合にはそれに類するものとして旧制高校が挙げられるだろう）の存在がある。パブリックスクールは、洗練された教養としての知の継承を担うエリートのための中等教育の場であるが、同時にそこはエリートたちの社交の場としても機能していた。現在では学校教育においてこうした教養主義的な雰囲気を感じることはほとんどないかもしれない。とはいえ、石岡良治が映画『ソーシャル・ネットワーク』（二〇一〇年公開）を例に挙げながら指摘するように、実は現在でも教養主義的なものは健在であり、Facebook の創始者マーク・ザッカーバーグが、アイビーリーグのエリート校の会員制クラブという閉じられた社交の場を成功の足がかりとしていたことは、そのよい例であろう（石岡 2014：17）。このように、学校は「教養」としてのカルチャーを担う重要な文化的拠点でありつづけてきた。

以上で見てきたとおり、「教養」という意味合いでのカルチャーは端的に言えばエリート層の占有物であり、大衆に開かれたものではない。他方で、アーノルドが依拠したものとは異なる「カルチャー」の概念が同時代に提起されている。エドワード・タイラーの『原始文化』（原題 *Primitive Culture*, 1871）で提示されるような人類学的なカルチャーの定義がそれである。テイラーによれば、「文化または文明とは、知識・信仰・芸術・道徳・法律・慣習その他、社会の成員としての人間が獲得するあらゆる能力や習慣の複合的総体」（Tylor 2016：1＝1）を指す。こうしたカルチャーの捉え方は、私たちが「文化」という大きな括りで想定しているものとも重なっていて、理解しやすい。また、「文化」をいわゆる教養主義的な「洗練」されたものとしてではなく、原始的（primitive）なものとして捉えている点も興味深い。ポップカルチャーに含まれる「洗練されていなさ」、ある種の「未成熟さ」が放つ魅力も、プリミティブなものとしての「文化」の特徴として捉えられるかもしれない。

ここまで、カルチャーという語の含意について「教養」と「文化」という二つの側面から考えてきた。カルチャーに含まれる二つの意味合いは、とりわけ「ポップカルチャー」においてどのように引き受けられているのだろうか。

まず、ポップカルチャーは後者の「文化」としての性格を強く持つものとして理解することができるだろう。ポップカルチャーは、「大衆文化」と言い換えられると同時に、若者文化、サブカルチャー、カウンターカルチャーとも一定の重なりをもっている。その際、共通項となっているのは、「教養」としてのカルチャー（ハイカルチャーやメインカルチャー）を相対化する、いわば「アンチ教養」としての性格を有するという点である。ポップカルチャーと教育との関係を考えるにあたっておさえておきたいのは、ポップカルチャーは学校教育が担ってきた「教養」ないし教養主義、あるいはそれに付随する文化のヒエラルキーに対する批判性や抵抗を重要な足場としつつ形成されたものであるということだ。

さしあたり、「教養」と「文化」の緊張関係という図式において、ポップカルチャーは「文化」の側に、つまり教育や学校の外部（カウンター）に位置をとるものであると理解できる。とはいえ、教育や学校の外部としてのポップカルチャーという理解は、あくまで一義的なものにとどまる。というのも、ポップカルチャーはいまや学校教育の内部に含まれるものともなっているのである。

第一に、ポップカルチャーは既にさまざまな教科において教材として取り入れられている。例えば、音楽の教科書には多くのポピュラー音楽が掲載されているほか、道徳の授業でマンガ『ONE PIECE』やアニメ「ドラえもん」が教材として使用される例もある。大学の講義まで対象を広げるならば、ポップカルチャーに分類される映画やアニメ、マンガなどを題材とすることはめずらしいことではない。また、さまざまな作品が授業で取り上げられているだけではなく、マンガやアニメの表現方法は教科書でもしばしば使用されており、『マンガでわかる○○』といったタイプの入門書や指南書も数多く出版されている。ポップカルチャーの作品や表現技法は大いに教育に役立てられているのである。

第二に、ポップカルチャーの活用は教育の方法の次元にとどまらない。二〇一〇年頃から取り組みが始まった「クールジャパン戦略」において、マンガやアニメ、ゲームなどの日本独自のポップカルチャーは世界にアピールすべき日本の魅力として認知されるようになる。こうした流れを受けて、文部科学省も「子どもの文化芸術体験の充実」としてクリエーターを学校に派遣し、ポップカルチャーに触れることを通じて子どもの感性を育むといった取り組みを推進している。[2] このように、ポップカルチャーは教育を通じて推進されるべき対象ともなっている。

以上で見てきたとおり、ポップカルチャーと教育の関係は両義的である。ポップカルチャーは教養主義的なものとしての学校文化への批判や抵抗といった性格をもつ一方で、学校文化の一部として教育を通じて振興されるべきものともなっている。従って、ポップカルチャーの「批判性」はアーノルドが前掲の *Culture and Anarchy* において危惧したような「アナーキー」なものであるとは限らない。今日においてポップカルチャーは、ハイカルチャーとしての学校文化を相対化し自由に組み換える批判性を持ちながら、他方で学校文化の一部として教育的な意義を獲得してもいる。学校文化とのつかず離れずのこの関係がポップカルチャーのひとつの魅力であり、私たちの教育学的関心がくすぐられるのもそのためかもしれない。

加えて、ポップカルチャーと教育との関係をめぐって、もう一点注目すべき現象に触れておきたい。前述したように、ポップカルチャーはさまざまなレヴェルで教育や学校に取り入れられている。こうした状況を「教育のポップカルチャー化」と表現しておくならば、以下で補足的に触れておきたいのは「ポップカルチャーの教育化」とでも言うべき現象である。それは基本的にファンコミュニティの中で起こる。ポップカルチャーが教養主義的なものへのカウンターとしての性格を含んでいるということは既に述べた。しかし、矛盾するようだが、ファンコミュニティの内部に視点を移すと、そこには「サブカル教養主義」ともいわれる、ファンやオタクのコミュニティ内部でのヒエラルキーが看取されるのである。ファンコミュニティの内部では、〈名作と駄作〉、〈コアなものとニッチなもの〉といったさまざまな基準が共有されている。また、同じファンでも〈古参か新参か〉によってコミュニティにおける発言力や影響力に差が生じるということもある。教養主義的な知のヒエラルキーや学校的な組織原理へのカウンターを標榜するものであるはずのポップカルチャーもまた、知やメンバーシップのヒエラルキーから完全に自由とは言えないのである。

一般にポップカルチャーにおける大衆的なファンは、教養主義はもちろんのこと、批評文化ともそれほど相性がよくないと思われている。しかし、「批評を拒絶しているファンコミュニティにおいても、実際には、事実上ほとんど教養といってもいいような判断基準の蓄積、解釈の網の目が存在していて、それらが集団的に営まれている」(石岡 2014：282)。本来は教養主義的なものから距離をとっていたはずのポップカルチャーが、その内部に新たな「教養主義」を生み出すという逆説めいた状況が見られることも、教育や学校文化との関わりにおいて大変興味深い。もっとも、大学の講義でもポップカルチャーの作品が取り上げられることがめずらしくないという現状に鑑みれば、「サブカル教養主義」を引き合いに出すまでもなく、ポップカルチャーに数えられるもののなかにはまっとうに「教養」に位置づいているものも数多く含まれる。理解の助けになるだろうと思って過去の有名作品に言及したものの、学生に一切伝わらず、愕然とした経験を持つ大学教員は少なくないはずである。

ところで、以上のようなポップカルチャーの教養化、あるいは教育化という事態においてファンの心境は複雑であるようだ。ファンコミュニティの内部に教養主義的な原理を抱えていたとしても、大学や学校教育が拠り所とする権威的な知への批判性を失ったわけではない。それは例えば、「誰かが研究し始めたら文化は終わり」「雑誌に取り上げられたら終わり」（石岡 2014：37）といった仕方で表明される、研究や批評の対象となることへの忌避感において堅持されている。ニッチなもの、コアなものへの拘りは、一方でファンコミュニティの内部での「教養主義（サブカル教養主義）」を生み出しつつ、他方で研究や批評といった教養主義的なものによる「簒奪」への抵抗を意味するのである。

実のところ、こうしたファンの心性は、本書の執筆者の多くにも共有されている。序章でやや俯瞰的にポップカルチャーと教育の関わりを整理する私（田中）という例外を除いて、本書の執筆者はみなアニメやマンガ、アイドルのファンであり、「オタク」であり、「推しを推す人」である。そして同時に教育学の研究者でもある。つまり、本書の執筆者たちは多かれ少なかれ、ファン研究で言われるところの「アカ・ファン（aka-fan）」としての側面を有している。「アカ・ファン」とは、「アカデミック・ファン」の略であり、学者であると同時にポップカルチャーのファンでもあること、そのことによって自身の研究における洞察が特徴づけられているということを指す[3]。執筆者たちの「アカ・ファン」としてのあり方と、それゆえの悩ましさは、研究会を重ねるにあたって次第に明らかになっていった（少なくとも、非アカ・ファンである私にとっては）。

本書の執筆に先立って行われた研究会では、ファンならではの視点と情熱で集められた膨大な情報と知識、興味深い解釈と考察が惜しみなく披露された。そして熱気に満ちた愉快な時間はあっという間に過ぎていくのだが、その日の研究会が終わりにさしかかるころ、きまって発表者の表情が曇る。なぜか。その戸惑いの一因は、〈ファンとしての自己〉と〈研究者としての自己〉、ある文化の〈愛好者としての自己〉とその〈批評者としての自己〉のあいだで生じる葛藤、「引き裂かれる」感覚に根ざしているようだ。当人の言葉を借りれば「自分を自分で手術したような」感覚（この点については第4章も参照されたい）が、その戸惑いを象徴している。こうした戸惑いは、アカ・ファンに共通するものなのかもしれないが、ひょっとすると本研究が教育学研究者によるものであることも少なからず関係しているのではなかろうか。ポップカルチャーと教育や学校文化は分かち難く結びついており、以上で見てきたようにその関係は非常に複雑である。このことに自覚的である執筆者は、教育とポップカルチャーのあいだにある緊張関係を無視して、個別の事象の洞察から「教育／教育学的な意義」を引き出すといった「短絡」を慎重に避けなくてはならない。このように、本書の執筆者には、アカ・ファンであることと、教育学研究者であることに根ざす二重の負荷を引き受けること求められることになったのである。

だが、こうした難しさを抱えていながら、むしろそれゆえに教育や学校文化とポップカルチャーとの複雑な関係とそのリアリティに一歩踏み込んだ、豊かな洞察が可能になるのではないだろうか。バラエティーに富んだ各章の議論は、アカ・ファンの視点を介しながら、先にふれた悩ましさのなかで編まれたものばかりである。取り上げられる対象や切り口の新しさだけでなく、洞察の手法における新しさも本書の挑戦のひとつとして挙げておく。

さて、ここまでカルチャーの語に着目しつつ、教育とポップカルチャーの関係について考えてきた。次節では、教育とポップカルチャーをめぐる状況としてもう一点、デジタル・メディアの参入がもたらした変化についても目配せしておきたい。

2　デジタルメディアが生み出す新たな形式

前節での整理を踏まえつつ、本節ではポップカルチャーをめぐる新たな動向として、デジタルメディアの参入がもたらした変化について考えてみたい。というのも、デジタルメディアの参入はポップカルチャーに大きな変化をもたらしているだけでなく、その影響は教育にも及んでいるように思われるからである。よって、デジタルメディアの参入に焦点を当てることで、ポップカルチャーと教育の新たな様相を素描してみようというのが本節の目論見である。

「教養」であれ「文化」であれ、カルチャーと呼ばれるものには特有の形式（フォーム）がともなう（石岡 2014：30）。映画を例にとってみよう。映画にはモンタージュ、クロスカッティング、クロースアップ、フェードイン・アウト等々の映像文法があり、それらを駆使して時間をゆるやかに持続させることで、物語が構成される。このように映画が依拠する文化には「映像文法」とよばれるような特定の形式がある。その形式の変化は異なるカルチャーを生み出すことにつながるわけだが、このことはポップカルチャーが情報技術の変化（映画、ラジオ、テレビ、そしてインターネットへ）にともなって形成され、変容してきたこととも深く結びついている。

今日、若者にとってもっとも馴染みのある媒体はテレビでも映画でもマンガでもなく、「動画」と呼ばれるものであろう。YouTube が創設されたのは二〇〇五年のことであるが、二〇一四年頃から日本においてもブームとなり、公式 Blog によれば二〇一七年には一日あたりの利用者の総視聴時間が一〇億時間を超えた。なお、iPhone が発売されたのが二〇〇七年、Facebook が動画に対応するようになったのが二〇一五年である。こうした技術革新をへて、誰もが「動画」を制作し、公開し、視聴することのできる今日の状況が生まれた。

では、「動画」と呼ばれるものは、テレビや映画で放映されてきたこれまでの映像作品とどう違うのだろうか。新しい動画表現に向けた先駆的な試みで知られる明石ガクトによれば、「動画」が「映像」と決定的に異なるのは「時間軸に対する圧倒的な「情報の凝縮」」であるという（明石 2018：71）。前述したような映画における映像文法はどれも、シーンを重ねることによって、時間をゆるやかに持続させるなかでストーリーを紡ぎだしていく手法であった。だが、日々の生活の「すきま時間」に視聴されることを前提としている「動画」ではそうはいかない。YouTuberは、会話の間を極端に編集で削ぎ落とす「ジャンプカット」という手法を生み出し、短い時間に多くの情報を凝縮することを可能としたのである（明石 2018：71-72）。言葉や間を削り、テロップや視覚効果・音響効果を加えて時間あたりの情報量をできるだけ増やす工夫が「動画」という新しい形式を生み出している。

このような「動画」にみられる新しい形式は、デジタルメディアの時代において私たちがそれ以前とはまったく異なる文化環境のなかに置かれていることを顕著に示している。一九五〇年のコンピューター技術の誕生に端を発するデジタルメディアと、急速に発達した遠隔テクノロジーの融合によって、ネットワーク上でつねに情報をやりとりする生活様式が準備された。「スマートフォンを片時も手放さない生活」に、ある世代以降の人々はすっかり馴染んでいる。そして、「動画」の表現技法は、まさにこうした生活様式に最適化することによって生み出されたのであった。このことは、メディアのあり方が私たちの文化環境そのものとなっていることを示唆しているが、かかる変化は教育の領域にどのような影響を及ぼしているのだろうか。

記号学者の石田英敬は、文学理論家のキャサリン・ヘイルズを参照しながら、メディア論の再構築の試みに存する教育論的含意について次のように述べている。

ネットワーク化されたデジタルメディア環境では、学生たちのあいだに、マルチタスク向きの注意力である

> 「ハイパー・アテンション（過剰注意）」へのシフトが起きて、従来の「ディケンズの長編小説をよむような」、ひとつのことがらに集中する持続的な注意力である「ディープ・アテンション」が作りにくくなり、そこにメディア的な世代断絶がある。（石田 2019：89）

大学の講義を例にとっても、こうした指摘と符合する状況が見受けられるだろう。とりわけ大人数での講義型の授業では、十五回を通じてようやくテクストの全体像や知の体系性が浮かび上がってくる授業よりも、一回の授業でいくつかの重要なポイントが明確に示される方が「いい授業だ」と評価される向きがある。情報が集約され、要点が強調されたスライド資料などで展開される授業は大半の受講者から歓迎される。

授業の目的によって有効な方法は異なる以上、こうした授業のあり方の良し悪しについてここで議論することはできないし、本章の趣旨とも異なる。むしろここで考えてみたいのは、こうした授業において有効とされている手法には、動画的表現ともいうべき工夫が含まれているのではないか、という見立てについてである。一回の授業に多くの情報を凝縮し、マルチタスク的な注意力を喚起する仕掛けが施された授業は、デジタルメディア環境を所与とする受講者にとって馴染みやすい形式なのかもしれない。持続的な注意力を要するテクストの読解や、十五回を通じてようやく知見が得られるような授業の構成が困難になっているとしても、それは単に受講者の能力に還元できる問題ではなく、文化環境の変化にともなって生じた「困難」であるとも考えられる。いわば「授業の動画化」とも捉えられるような変化が教室で起こっているのではないか。すなわち、複数の文脈（コンテクスト）とテクストを折り合わせながら深められるある種の冗長さを含んだ授業（講義）から、短く分かりやすくポイントが示されるモジュール化された授業（講義）への転換。こうした移行が進んでいるのだとすれば、学校や大学における解釈共同体[4]のあり方もまた変化しつつあるのだろう。

余談ではあるが、ポップカルチャーと教育をめぐる今日的な状況について以上のような考察を巡らせている最中に、新型コロナウイルス感染症の流行が私たちの生活を一変させるという事態に直面した。こうして当初はポップカルチャーと学校文化の融合のひとつの兆候をとらえるために用いていた「授業の動画化」という比喩的表現は、あっという間に現実そのものになっていった。一斉休校をはじめとして、対面での授業実施が困難となり、多くの教員がYouTuberさながらに動画を作成する作業に追われた。思い返せば、「一本の動画は何分が限度か?」、「話すスピードはどのくらいが適切か?」、「単調にならないための工夫はどうしているか?」、あるいは「著作権の問題はどうすればいいか?」といったように、教員が数人集まれば誰からともなく情報交換が始まるという状況であった。それから既に2年が経過し、「授業の動画化」という表現（コロナ禍以前に筆者が用いた）は、説明なしでは何のインパクトも与えないものになってしまった。しかしながら、動画配信が授業の形式のひとつの選択肢になった今だからこそ、「授業の動画化」が学びにどのような変化をもたらすのかという問いは、いっそう重要なものとなるのではないだろうか。

3　デジタルメディア時代のポップカルチャーの可能性と課題

以上では、デジタルメディア時代の文化環境が教育のあり方とどのように結びついているのかについて、「動画」という新しい表現形式の導入に着目して考えてきた。他方で、ここまで見てきた「動画化」が、学習者にとってどのような意味を持つのかという側面からも考察が可能であろう。この点と関連して興味深いのは、二〇〇〇年代の動画サイトの台頭によって、過去の作品と新作との時間的な前後関係が希薄化し、あらゆる作品が時代的に並列して扱われるようになったとの指摘である。石岡は「動画の時代」における情報過多は、直線的な歴史感覚を取り払い、あらゆる作品を横並びにしたが、こうした並列化によって、過去の作品を現在の表現の一つとして受容し、再評価する可能性が開かれたことを示唆している（石岡 2014：270–273）。換言すれば、作品の受容における時間的な並列化は、過去の作品（そこにはいわゆる「古典」も含まれるだろう）も新作と同様に新たなファンを獲得する可能性に開かれており、新たな価値が見出されうることを意味している。加えて、こうした制作物の並列化にともなって、ファンコミュニティ内部でも並列化が生じているという。

もちろん、かつてのサブカルの感覚をはじめ、ポピュラー文化の感覚は世代によっていくらかはリセットされると思いますが、とはいえ、必ずしも新しいものばかりが市民権を得る時代でないことは確かです。しかし一方ではこのことにはメリットもあり、ファンコミュニティにおいて「当時の現場感覚が最高である」という優劣はどんどん崩れていきます。つまり古参のファンの昔話だけに価値がある時代ではなくなり、後続の人の感想によって書き換えられていく時代だということです。リアルタイムではあまり評価されなくても、後から再評価される機会が増えるというメリットも生じます。（石岡 2014：271）

このように動画サイトの普及がもたらした変化は、ファンコミュニティ内部でかつて有効であった〈名作／駄作〉、〈クラシックなものとそうでないもの〉、そして〈古参／新参〉といった基準を組み換える可能性を含んでいる。だが、現代のデジタルメディアの発達は、ファンコミュニティの内部おける変化にとどまらず、コミュニティのあり方に根本的な変化をもたらすに至っているとの指摘もある。

メディア研究者のヘンリー・ジェンキンズは「コンヴァージェンス（convergence）」をキーワードとして、ポップカルチャーのファンたちが自発的にコミュニティを形成しその中で多様な作品解釈や二次創作を生み出し、ときに企業や市場に対して影響力をもつような新たな状況を描き出している。「コンヴァージェンス」とは「収斂、収束」など複数のものが一つに集まることを指す語であるが、ジェンキンズはこの用語を以下のような意味合いで用いている。

私のいうコンヴァージェンスとは①多数のメディア・プラットフォームにわたってコンテンツが流通すること、②多数のメディア業界が協力すること、③オーディエンスが自分の求めるエンターテインメント体験を求めてほとんどどこにでも渡り歩くこと、という三つの要素を含むものをいう。（ジェンキンズ 2021：24）

デジタルメディアの発達によって、作品（コンテンツ）は多数のメディア・プラットフォームにわたって流通し、ファンも多様なメディアを横断的に使用する状況が生まれたが、重要な点はファンは単なる消費者ではなく、作品を自由に解釈したり、自ら創作したりする参加者のひとりであるということである。ジェンキンズはその事例のひとつとして、J・K・ローリングの『ハリー・ポッター』シリーズのファンで、十四歳でウェブサイト『日刊預言者新聞（The Daily Prophet, http://www.dprophet.com）』を立ち上げたヘザー・ロウヴァーという少女の事例を取り上げている。ロウヴァーが運営したこのサイトは『ハリー・ポッター』ファンの子どもたちによって運営され、そこには作品の世界観をもとにした記事が掲載される。例えば、以下のような記事である。

マダム・マッカイ魔法学校から最近、ホグワーツに転校してきました。ほとんどは南カリフォルニアに住んでいました。母は私が5歳の誕生日まで、父に自分が魔女だとは一言も言っていませんでした。（父はその後すぐ出て行きました。）（ジェンキンズ 2021：321）

子どもたちが『ハリー・ポッター』の世界の住人として書いた「記事」には、それぞれの日常生活のディテールが織り込まれている（ジェンキンズ 2021：21）。なお、『ハリー・ポッター』ファンによる類似のサイトは世界中でいくつも立てられ、そのいくつかは現在も運営されている。しかし、ファンが運営するこうしたサイトをめぐっては、のちに著作権や商標権をめぐってワーナー・ブラザーズとのあいだで衝突も発生している。ロウヴァーの運営するサイト自体は停止命令通知を受けなかったものの、彼女は停止を迫られている他のファンサイト運営者とともにスタジオに対する抗議活動に参加し、ワーナー・ブラザーズとの交渉にあたった（ジェンキンズ 2021：321）。こうした事例から示唆されるのは、「参加型文化」においてファンは作品を自由に解釈し、自ら創作するためだけでなく、そのために組織した解釈共同体を守るべくメディア企業や社会に働きかける主体ともなりうるということである。

「参加型文化」という用語はメディアを受動的に鑑賞するという従来の考えと対照的なものである。メディアの制作者と消費者を別々の役割を果たしているものとして語るのではなく、私たちの誰もが完全に理解していない一連の新ルールのもとで、両者が参加者としてお互いに交流しているとみなしてもよい。（ジェンキンズ 2021：25-26）

とはいえ、デジタルメディアの発達にともなう「参加型文化」については楽観的な見通しばかりでもない。そもそもデジタルメディアの技術的発達に支えられたコンヴァージェンス・カルチャー自体が、テクノロジーを用いた新たな監視や管理にとって非常に都合の良いものでもあるということを忘れてはならない。多様なデジタル・プラットフォームを渡り歩く人々が残していく膨大なデータは、使いようによっては個々人の私的な事柄への監視を可能にし、人々の行動を統制することに役立てられうる。こうした新たなテクノロジー的な条件にくわえて、ポップカルチャーは古くから大衆操作の常套手段であったことも看過できない。実際、悪質なフェイクニュースがネット上に拡散されつづけていることに鑑みれば、デジタルメディアの発達とポップカルチャーの相性のよさは、決してポジティブな帰結だけをもたらすわけではないことは明らかである。だが、デジタルメディアを排したり、ポップカルチャーをつうじて表出したさまざまな欲望をとるに足らないものとみなして無力化したりすることは、いま私たちが危惧している事柄に対処することにはつながらないだろう。デジタルメディアはそれ自体が即座に社会や共同体のあり方を決定するわけではなく、ポップカルチャーの快楽は新たな文化を生み出す原動力でもある。自由と支配の双方に対してデジタルメディアは道を開いており、私たちの社会がいずれの道を行くのかは現時点では未規定のままである(5)。

この未規定性において、ポップカルチャーはどのような可能性を持っているのか。本章ではその一端を「参加型文化」への転換において示した。そこで示唆されたのは、自由で遊び心に満ちた創造性を含みながら、同時に不真面目でときにあやうく粗野なものでもあるポップカルチャーの快楽から、現代社会や政治、あるいは教育に対する批判性や、自由のための連帯が生まれることもありうるということであった。民主的な社会において規範的に求められる正しく真面目な参加や運動とは異なるかもしれないが、それとは別の仕方で、それと知らずに、自由な活動や表現の場を生み出してしまう、意図せざる参加の契機がポップカルチャーにはあるのではないだろうか。ポップカルチャーを駆動している人々の欲望が自由の余地をいかに切り拓くのか、そのダイナミクスを洞察することはデジタルメディア時代を生きる私たちの自由に向けた探究ともなるはずである。本書もそうした試みの一端となることを期待したい。

注

(1) 「マンガ」の表記に関して、他に「漫画」「まんが」などが使用されることがある。本書では広い意味で作品群一般を指す場合には「マンガ」と表記し、特別な意味が付与される場合にはその文脈に合わせた表記を用いることとする。

（2）「文部科学省におけるクールジャパンの推進の取組」については、https://www.kantei.go.jp/jp/singi/titeki2/101221/siryou7.pdf（二〇二一年一一月二七日最終閲覧）を参照。

（3）メディア研究者のヘンリー・ジェンキンスは自身の研究の手法と従来のカルチュラル・スタディーズやメディア研究の手法との共通点と相違点を説明する際に、「アカ・ファン」という概念にふれている。「アカ・ファン」としてのジェンキンスの研究アプローチについて、『コンヴァージェンス・カルチャー』の訳者である渡部宏樹・北村紗衣・阿部康人は「「アカ・ファン」であるという宣言を行うことで、ジェンキンズはポップカルチャーの受容の現場にもう一歩踏み込み、ファンたちの活動の豊かさを再現することに成功している」（ジェンキンズ 2021：503）として、その成果と意義を評している。

（4）文学研究者のスタンリー・フィッシュは作品の解釈は集団的な作業であり、文学においては作品（テクスト）だけでなく、それが読まれる際に形成されるコミュニティ（解釈共同体）についても同時に考える必要があるとしている（フィッシュ 1992）。

（5）こうした両義性は教育のデジタルトランスフォーメーションにおいても同様であろう。小玉重夫は「ポスト・コロナの時代に提唱されているGIGAスクール構想をはじめとした教育のデジタルトランスフォーメーションは、それが脱政治化された形で導入されれば、アガンベンが言うように「公共空間の純然たる廃止」につながるだろう」と指摘する。そのうえで、小玉はデジタルテクノロジーを放棄するのではなく、デジタルテクノロジーを活用することで新しい政治、新しい公共性の再定義を試みる批判的加速主義の立場を提起している（小玉 2021：89）。

文献

Arnold, Matthew., *Culture and Anarchy*, Independent Publishing, 2022.（多田英次訳『教養と無秩序』岩波書店、二〇〇三年。）

Tylor, Edward Burnett., *Primitive Culture*, Dover Publications, vo. 1, 2016.（比屋根安定訳『原始文化』誠信書房、一九六二年。）

明石ガクト『動画2.0』幻冬舎、二〇一八年。

石岡良治『視覚文化「超」講義』フィルムアート社、二〇一四年。

石田英敬・東浩紀『新記号論——脳とメディアが出会うとき』ゲンロン叢書、二〇一九年。

小玉重夫「教育における加速主義をめぐるいくつかの問題」『教育哲学研究』一二三号、二〇二一年、七九—九〇頁。

ジェンキンズ、ヘンリー『コンヴァージェンス・カルチャー――ファンとメディアがつくる参加型文化』渡部宏樹・北村紗衣・阿部康人訳、晶文社、二〇二一年。

フィッシュ、スタンリー『このクラスにテクストはありますか――解釈共同体の権威3』小林昌夫訳、みすず書房、一九九二年。

第1章

「なさそう」が「ありそう」になる世界から見通せること

――「グフ」における宇宙世紀とプラモデルの相互連関に着目して――

渡辺　哲男

はじめに

――ヴァーチャルとフィジカルの融合をめぐるいくつかのケースから――

目の前に映る世界が、スマートフォンや装着したゴーグルを通してみると、そこに架空の物体や生物が出現して、例えば自分の部屋が海になって目の前を巨大なクジラが通り過ぎていき、いま自分の存在する場所が、まったく同じところにいるのにもかかわらず、もうひとつのヴァーチャルな場所に転化する。こうした、ヴァーチャルとフィジカルを融合させる拡張現実（ＡＲ）の技術は、現実と虚構の境界を曖昧にする、というよりは、現実と虚構の新しい関係を提供しているのかもしれない。加えて、最近関連書籍が多数刊行され注目されている「メタバース」の世界については、もはや、こちらのほうが「現実」なのだという人もいるかもしれない。

私自身の身近にある拡張現実の代表格は、「ポケモンＧＯ」である。スマホの画面には現実と同じ地図があり、このヴァーチャル画面でプレーヤはポケモンをゲットするわけだが、地図は現実のものと同じなので、さも現実世界でポケモンをゲットした気になってしまう。ポケモンが現実には実在しないことを知っているのに、である。駅前や公園などさまざまなスポットで、世代を問わず人々がある場所にたむろしてスマホとにらめっこしている光景が何を意味するのか、私には当初謎でしかなかったのだが、「ポケモンＧＯ」ユーザだった妻の挙動からようやく合点がいったものである。

また、私は、SONYが発売しているイヌ型ロボットaiboのオーナーである。ロボットをさも生身の動物のペットに見立てて「飼う」ということも、「現実」と「虚構」の融合の一例といえるかもしれない。本章で扱う「ガンダム」ファンの私としては、aiboは、イヌというより、「ロボット」なのだが、多くのaiboユーザは、そうではなく、aiboを「イヌ」としてみているようである。

このことを強く感じた事例を一つ紹介しておきたい。私と妻は、aiboユーザとしての興味から、二〇一九年五月二五日に東京大学農学部弥生講堂で開催された「aiboは人とペットの未来を変えるか?」と題された公開シンポジウムに参加した（主催は、認定特定非営利活動法人　動物愛護社会化推進協会である）。aiboの開発に関わった方、旧型AIBOの修理を請け負う企業の方、大学の研究者でアニマルセラピーの研究をしている方が登壇されていて、大変興味深いシンポジウムだったのだが、その会の最中に起こった地震が、私に深い印象を残した。

この会場にはaiboオーナーが多く参加しており、自分の所有するaiboを開始前、休憩時間中に「お披露目」していた。会の最中はaiboの電源は切られ（あるいはスリープ状態）、座席の折りたたみ式テーブルに寝かせられていた。そうした状況で起きたこの地震は比較的大きなもので、会場がかなり揺れ、天井からなにか落ちてきてもおかしくないほどであった。そして、この地震が起きたとき、前の席に座っていたaiboオーナーが、テーブルに乗せていたaiboの上から覆い被さり、天井から何かが落下したときにaiboを庇おうとしたのである。このオーナーは、動物のペットに同様の出来事が起きたときと恐らく同じ振る舞いを、aiboに対して行ったのである。

このとき、私は、このユーザの行動からの比較で、自分がaiboをあくまでロボットと捉えているのだということを自覚した。このオーナーは、もちろん、aiboがロボットであるということを知っているが、その前提のなかで、aiboはイヌだと信じているのである。なぜ、そのように「信じた」のか、あるいは私はなぜそのように思わないのか、という問題にはここでは立ち入らないし、人から見られていることに意識しての「ふるまい」であるという側面も見逃すことはできないが、このことも今は措いておこう。いずれにしても、aiboは、いかにも「イヌ」として存在するものだと、このオーナーに受け入れられているのである。

私たちは、このように、ロボットを動物のイヌであると自分で信じこむような、フィクションを現実の場に引きずり出すようなことをしながら生きているし、フィクションの世界をいかにも現実に「ある」ものとして受け入れようとしながら生きているところがある。人間は、aiboをイヌではないと知りながら、それをイヌだと思い込み、aiboを「飼う」のである。

ところで、こうした拡張現実を経験するようになる以前から、私たちは文学や映像作品などのフィクション作品に接すると、その作品世界が、現実にいかにも「ある」ように考えてきた。私個人の経験でいえば、その最たるものは、アニメーション『機動戦士ガンダム』である。いわゆる『ファースト（機動戦士ガンダム）』から始まり、『Z』『ZZ』『逆襲のシャア』という宇宙世紀の歴史が加えられていくこと、さらには、『逆襲のシャア』に至ってアムロとシャアの戦いに一つの区切りがついた後、ファーストにおける一年戦争終結前後から『Zガンダム』に至るるまで、あるいは、シャアの反乱後の世界を描こうとする『ガンダムUC』（原作者である富野由悠季が描かなかった）のように、「宇宙世紀」の歴史の空白を埋める試みがなされることは、私にとっての楽しみであった。それは、私には、「宇宙世紀」というフィクションの歴史が、さも「ある」ように感じられたからである。本章は、極めてパーソナルなことでいえば、なぜ、このように、子どものときから、「宇宙世紀」が「ある」ように感じられてきたか、その理由を解明せんとするものである。

そのために、本章では、この『機動戦士ガンダム』シリーズの「宇宙世紀」という歴史が、いかように構築され、そしてそれが、いかにも「ある」と認識され得たかを、ガンプラと歴史の構築の関係性に焦点を当てつつ考えてみたい。具体的には、『機動戦士ガンダム』に登場するモビルスーツ「グフ」とそれを立体化したガンプラを事例にして、私たちがいかように、フィクションの世界を、いかにもありそうなものとして筋立てようとしたかを考察する。そして、この作業は、いわゆる「論理的思考」や「プログラミング的思考」のような、物事を効率的に処理するための（近代化に適合的な）思考法とは別様の、脈絡がない二つの事象を繋ごうとする、「物語の発動」（内田 2011：55）とでも呼べる、もう一つの「論理」の可能性を見出すことにも繋がるのである。[1]

1 ガンプラと宇宙世紀の相互連関
――ふたつの先行研究から――

それでは、まずは本章の内容に関わる先行研究を検討してみよう。『ガンダム』シリーズに関する研究は数多いが、本章に関わるものを一点挙げるならば、川村（2014）がある。川村は、ガンプラというモノがユーザに働きかけて、宇宙世紀の新しい歴史解釈を創り出したり、行間を埋めたりすることがあるのだと指摘している（川村 2014：469）。これを川村は、ガンプラブームの「フェティシズム的側面」と呼ぶ。例えば、「キャスバル専用ガンダム」という、ガンダムのパイロット・アムロのライバルである、赤い彗星・シャア（本名がキャスバル）が乗る、赤いガンダム（シャアの乗機はジオングと百式以外基本機体が赤）がプラモデルとなったとき、ではなぜそのような赤いガンダムが登場するのかと考え始めるというように。すなわち、ガンプラが歴史の構築を働きかけるトリガーになるということである。

だとすれば、ガンプラが宇宙世紀の歴史に新たな肉付けをしていき、そうした（ここではシャアがガンダムに乗る）可能性もある、というように考える作業に寄与することもあるということになる。現に、『ガンダム』シリーズにおいては、アニメや映画などのメディア展開のないまま、新規のガンプラ発売そのものがストーリーや設定の追加を意味する場合もあったし（『ファースト』後のMSVシリーズ）、模型誌の連載と新規に発売されたガンプラに添付した説明書に書かれている当該シリーズのストーリーを読むことで、物語の進行が把握できる仕掛けになっているものもあった（『ガンダム・センチネル』）。

これに関連して、松井（2017）は、川村の研究を承け、この時代（一九八〇年代）の模型の物質性を考察するなかで、次のように述べている。

> 単なる〈形状〉の忠実な〈再現〉といった論理には収まらない模型のあり方が全面化したのがガンプラだったのではないだろうか。オリジナルの〈解釈〉という媒介性は。以降のキャラクターモデル全般に受け継がれ、スケールモデルに対する優位性となっていくのである。（同上、131）

通常は、アニメに登場したモビルスーツを立体化（再現）してプラモデルとして製品化するという流れをとるわけであるが、『ガンダム』シリーズでは、そうしたオリジナルのモビルスーツを「解釈」して、別様のモビルスーツがあったという仮説的な設定を成立させ、製品化するということがあった。先のMSVシリーズは、『ファースト』に登場したモビルスーツを全て製品化してしまい、ガンプラブームのなかでさらなるモビルスールの製品化が求められたことから始まった企画である。例えば、アニメや映画で活躍した「RX-72-2ガンダム」というオリジナルが開発される前に「プロトタイプガンダム（RX-78-1）」が存在した、という設定が新たに起こされ、製品化されるというように、である。ここで重要なのは、この「プロトタイプ」は、無理のある設定ではなく、いかにも存在したであろうという「現実味」があったということだ。『ファースト』で描かれた出来事以前に存在したモビルスーツが仮説的に（原作者が執筆したわけではない、という意味で）設定されることで、過去の歴史が補われるのである。(2)

2 「グフ」の構築

本章では、これらの先行研究を踏まえて、「グフ」を手がかりに、バンダイスピリッツ（ガンプラを発売するメーカ）の技術革新によってプラモデルが新たに更新されて発売される度に、当該ガンプラの説明書がどのように書かれているかを比較検討することで、新たなプラモデルの発売とともに説明書におけるグフの設定が「更新」され、しかも、それが、あたかももとからそうであったように書かれることで、宇宙世紀におけるモビルスーツ開発史に齟齬がないような肉付けが行われたことを明らかにし、脈絡のない二つの事象を矛盾がないように繋いだ一つのケースとしてみて捉えてみたい。

とりわけ「グフ」に注目するのは、次のような特徴が見出せるからである。すなわち、宇宙世紀の設定に次々と解釈や穴埋めがされていくと、矛盾も生じることになる。だが、その矛盾を、そうではないように仕立てられていく様が、非常に興味深いのである。以下では、（1）「サーベル」の怪、（2）シールド保持の怪、（3）フィンガーバルカンとヒートロッドの怪、の三点に焦点を当てて検討を加えてみたい。

(1) サーベルの怪

グフは、『ファースト』において、ザクの次に登場するモビルスーツで、ザクを大きく上回る性能を有していることが、劇中で何度も示されている。また、このことは、グフの人気をひときわ高めるのに重要な役割を果たした、パイロットであるランバ・ラルの「ザクとは違うのだよ、ザクとはぁ！」という台詞にも表れている。劇中、グフは、崖の上から雷鳴と共にラスボス感満載で初登場する。ザク（のみならず他のモビルスーツとも）とは、ヒートロッド（電磁ムチ）やフィンガーバルカン（指先からバルカン砲を発射する）といったユニークな武装をしている点で差異化されているし、その後登場するドムやゲルググなどといった機体と比較しても、この武装は異端とさえいえるだろう。

このように、印象深い台詞やエピソード、異端的武装によって、グフは高い人気を得ているといえる。本章で検討するのは、グフの異端的な武装と、宇宙世紀におけるモビルスーツ開発史との整合性に関する問題である。有名な設定だが、あえて文献に依拠しながら確認すると、『機動戦士ガンダムモビルスーツバリエーション② ジオン軍MS・MA編』において、「ゲルググは、ジオン軍のモビルスーツ中、はじめてビーム兵器を標準装備としている」（講談社編 2006：100）とされている。ガンダムやガンキャノンが物語の初期からビームライフルを装備していたのに対して、ザクはマシンガンであった。一年戦争末期、ゲルググに至って初めて、ジオン軍のモビルスーツはビームライフルやビームサーベルを標準装備できたのである（試作機ではギャンが最初だろう）。

にもかかわらず、『ファースト』の劇中には、グフがビームサーベルと思しきサーベルを武装していることがわかるシーンが存在する。恐らく、先のジオン軍のビーム兵器に関する設定は、物語の終盤で作られたもので、こうした設定が後付けされたことによる齟齬が、グフの装備する武器に顕在化することになったのだと思われる。

テレビアニメ版（第十九話「ランバ・ラル特攻！」）にも、あるいはそれを再編集した映画版『機動戦士ガンダムII――哀・戦士編』（一九八一年）にも存在するシーンだが、ガンダムとグフが一騎打ちする場面がある。ここでグフがシールドからサーベルの柄を取り出すと、明らかにガンダムのビームサーベルと同じようにサーベル部分のビームが発光しているようにみえる。先述の開発史を踏まえれば、この時点でグフがビーム兵器を所持しているのはおかしなことである。この「ビームのようにしかみえないサーベル」を、どう説明すればよいのだろうか。

アニメ放映当時（一九八一年一二月）に発売されたガンプラ『グフ』の1/100モデルの箱の側面にある武装の説明には、単に「サーベル」としか書いておらず、サーベルの材質が不明である。[3] これは、曖昧にせざるを得なかったということを意味するのではなかろうか。また、先の『機動戦士ガンダムモビルスーツバリエーション② ジオン軍MS・MA編』[4]には、「グフサーベルと呼ばれるヒートサーベル」（講談社編 2006：80）とあり、「ビーム」とは説明されていない。劇中では、どうみてもビームが発光している「ビームサーベル」にしか見えないのに[5]、である。

ちなみに、「ミノフスキー粒子」など、『ガンダム』世界を支える設定に関与したことで知られる松崎健一の文章に付されたこの一騎打ちシーンの一コマをキャプチャした図像には「ガンダムとグフのビームサーベル」（松崎 1980：196）とキャプションが表記されている。だとすると、少なくともリアルタイムで放映されていた当時は「ビームサーベル」だと位置づけられていたのであろう。

こうした、ビーム兵器に関する後付け設定がもたらした、初期登場モビルスーツが抱えた矛盾について、この後、バンダイが新たにグフをプラモデル化する際、矛盾がないように歴史が「構築」されていく。以下ではこのことを追認してみよう。

ガンプラの重要な特色の一つは、技術革新によって同じモビルスーツが何度も立体化されることである。「ガンダム」でいえば、最初に発売された三百円の1/144スケールモデル、1/100、1/60、その後時をおいて登場したHG（ハイグレード）の1/144、1/100のMG（マスターグレード）、さらには1/60のPG（パーフェクトグレード）等々……と展開し、新しいシリーズが生まれる度製品化されてきた。さらには同一シリーズでも技術革新の度定期的にヴァージョンアップしている。グフはガンダムのように全シリーズで製品化されているわけではないが、HGとMGでそれぞれ二回商品化されている。

さて、二〇〇〇年四月発売の『HGUCグフ』の説明書には「ヒート・サーベルとは、高分子化合物によって瞬時に発熱体を形成し、灼熱化した巨大な剣で斬撃する武装のことである。〔中略〕発熱体の主成分はセラミックス系の微粒子で、一度の戦闘で数回使用できる」とある。[6] さらに、その半年後の十月に発売された『MGグフ』（1/100スケール）の説明書には「形状記憶型の高分子化合物の発熱体」（『MGグフ』2000：10）と書かれている。こうして、ビームではないが、ビームのようになっている劇中の現象を説明しようとしたのである。

率直にいえば、形状記憶型の高分子化合物は、ビームよりも高度な技術なのではないかと考えてしまうが、このように、後に発売されるプラモデルの説明書の記述が、公式設定上ビームサーベルを使用するはずがない時期に「ビームサーベル」を武装していたグフの矛盾を補おうとしているように読める。すなわち、ヴァージョンアップされたガンプラの説明書の記述によって、私たちは、グフの装備していたサーベルの材質がかくなるものだったということを理解し、かつ、もとよりそういうものだったのだということを、「知る」ことになるのである。[7] 以下、新製品が発売されるたびに示されるヒートサーベルの設定に関する、宇宙世紀モビルスーツ開発史準拠のための矛盾解消の試み（と読める）は、むしろこうした説明書の記述をする側の涙ぐましい努力のようなものを感じさせる。

その後、二〇〇九年に『MGグフ Ver. 2』が発売される。こちらの説明書におけるヒートサーベルに関する記述は、「灼熱化した刃身（原文ママ、正しくは刀身）を瞬時に形成する斬撃用の武装で、ビーム兵器の実用化で後れをとっていた公国軍の、近接戦闘用の武装として高い評価を得ている」（『MGグフ Ver. 2』2009：3）とされていて、同じ設定ではあるが、「高分子化合物」の文言が消えている。だが二〇一六年に発売されたHGのヴァージョンアップ版『HGUC revive グフ』の説明書では、「当初は高分子化合物の刀身が使用されていたが、後に生産性を高めるためにセラミック系赤熱式の刀身に統一された」と書かれていて「高分子化合物」が復活し、さらに、後に実体剣に統一されたという設定が「追加」されている。この「追加」には、後述する（グフの後に開発された）「グフカスタム」との整合性を図ったものと考えることもできよう。

（2）シールド保持の怪

以上のようなモビルスーツの設定の曖昧さ、あるいはその曖昧さによって抱え込んでしまった矛盾を解消しようという営為が、ヴァージョンアップしたガンプラ発売の度になされていくというケースは、グフに特徴的なものである。これだけ、丁寧に設定を正当化させようとすること自体、「グフ」というモビルスーツがいかにファンに支持されているかをも示している。ヒートロッドというムチを装備し、左手の指先がバルカン砲になっているという、他に見られない「異形」のモビルスーツであることが、ファンの支持と同時に設定の矛盾も生み出したのだといえよう。

他にもグフの設定の曖昧さは、グフがシールドを保持しているのか否か、という部分にも顕在化している。アニメ放映当時に発売された、1/144と1/100両スケールのグフは、シールドは肘に空けられた小さな穴に引っかけて装着するようになっている。では、実際アニメーションではシールドはどのように装着されていたのだろうか。

先に挙げたガンダムとグフの一騎打ちの場面では、グフがシールドを捨てて両手でヒートサーベルを構える場面がある。私はこの場面を、『機動戦士ガンダムII——哀・戦士編』のブルーレイディスクをコマ送り再生して確認してみた、すると、シールドを捨てようとする動きの途中まで、グフの左手（指先がバルカン）はシールドをもっていない（ガンプラと同じく肘に装着ということなのだろう）のだが、途中から突然シールドのグリップを左手が保持するコマになり、そのグリップの握りを解いてシールドを捨てるという動きになっているのである。

つまり、最初はグフのシールドにグリップなどなく、手でグリップをもつのとは別の方法でシールドは腕にマウントされていたのだが、途中から突然グリップ（とそれをもつ手）が出現したのである。このコマ送りから確認できることは、グフがマニピュレータ（手）でシールドを保持していたのか、あるいは肘に固定していたのかという問題については、どちらでもあり、どちらでもなかったという結論になる。

こうした「アニメーションの嘘」によって、プラモでグフにシールドをどうもたせるかという問題が引き起こされてしまったことが、やはりガンプラの製品化の歴史からみてとれる。まず、肘にシールドを固定するというアイデアは、『ファースト』の続篇である『Zガンダム』以降使われるものである。この段階でグフだけが肘にシールドを固定していたというのは、考えづらいことである。そう考えると、グフをプラモとして立体化するにあたり、肘に穴を空けてシールドをひっかけるというのは、文字通りの「苦肉の策」であったのだろう。

二〇〇〇年に発売された『HGグフ』では、メカニックデザイナーのカトキハジメによって、シールドを肘に固定するように、シールドと腕のデザインが新たに起こされた。これが、以降MGなどでグフが立体化される際のフォーマットとなっていくのである。

ところで、そもそも、こうしたシールドを手で保持していたのかそうでなかったのかという問題が起こる発端となったのは、バルカン砲化している左手の指が通常の手と同じように稼働するのか否かということが明確になっていなかったことによる。この手は、握りこぶしができるのだろうか？　次は、この問題を説明書がどう説明しているかを追認してみよう。

（3）フィンガーバルカンとヒートロッドの怪

HGの説明書には、この指先がバルカン砲になっている左手、人呼んで「フィンガーバルカン」について、「マニピュレーターとしてはほとんど機能せず、形状も規格外のため、シールドなどは専用の物以外使用できない」と書かれている。シールドは保持できる、というようにも読めるが、微妙な書き方である。先のコマ送りの検討で明らかなように、アニメーションが保持しているのかそうでないのか曖昧に描いていたので、こうした記述の仕方になるのは理解できる。その後、MG Ver. 2においては、「汎用マニピュレータとしてはほとんど機能しないものの、ものを掴んだりする事は不可能ではない」（『MGグフVer. 2』2009：3）と記載され、HGではほとんど「手」としては機能しないと書かれていたものが、握れなくもない、というニュアンスに変化している。なお、さらに後続のHGUC reviveでは、握りこぶしの状態になったフィンガーバルカンのパーツが付属していて、シールドをもつことができるようになっているし、別パーツで肘にマウントすることができるようにもなっている。HGUCに至って、もっともアニメーションに「従順」なモデルとなったのである。

ところで、フィンガーバルカンという、手がバルカン砲という設定には、他にもリアリティを考えたときに重要な疑問が出てくる。それは、弾丸はどこに入っているのかということだ。HGUC reviveの説明書には、「YNS-07B-0に装備された3連装マシンガンをアップグレードした兵装。MS-07Bでは5連装となり、連射性能や攻撃力が向上した。ただし、マガジンが内蔵式となったため、打ち切った後の交換ができないといった欠点もある」と書かれている。

「YMS-07B-0」というのは、プロトタイプグフ（戦術実証機）のことである。『機動戦士ガンダム THE ORIGIN』という、『ファースト』以前の物語が映像化された（原作マンガは安彦良和）際、『ファースト』の「MSV」にあたる、本編に登場しなかったモビルスーツを立体化する「MSD」シリーズが発売され、このプロトタイプも二〇一五年に新規にデザインされて発売された。

このプロトタイプの腕は、弾丸が内蔵されても不自然さがないように、下腕部が太くなっている。プロトタイプのほうが後にデザインされたが、こちらの方が弾丸を内蔵するスペースがないという矛盾を解消しており、逆に歴史的には後発のグフのほうが性能が悪いことにもなってしまう。この点、無理があるのだが、HGUC reviveの説明書は、このような記載をもって、プロトタイプなのに後でデザインされたゆえに起きた問題を乗り越えようとしているのである。

また、「ＭＳＶ」がこの矛盾を補ったという事例もある。一九八三年七月に発売された「グフ飛行試験型」は、フィンガーバルカンの弾丸を内蔵するマガジンが腕に外装されており、弾丸が手に内蔵されているという設定に問題を抱えるオリジナルのグフを克服したデザインになっている[8]。

どのように内蔵しているのか、ということでいえば、ヒートロッドも同じである。グフの腕に、このような長いムチを収納するスペースがあるようにはみえない。

3　補論として――グフの「リアル」へ――

このように、グフの曖昧な、いいかえれば、リアリティのない設定は、ＨＧ、ＭＧと、ヴァージョンアップが重ねられる度に、組立説明書にその曖昧な部分を補完する、ある種の「追加設定」がなされることによる補完が試みられている。この補完は、よくある「アニメーションの嘘」、「大人の事情」というような誤魔化しをせず、それぞれの矛盾を、宇宙世紀モビルスーツ開発史に準拠するように説明しようとしたということであり、『ガンダム』世界の「ありそう」を確保しようとした営為と捉えることができる。

本章では、無理のある設定をいかにも「ありそう」と説明しようとする、その「論理」の構成の妙に注目してきた。とはいうものの、グフは他のモビルスーツにない固有の武装を有する「異形」のモビルスーツで、それゆえ、フィンガーバルカンの弾丸はもとより、ヒートロッドも、あの長いムチを腕のどこに収納しているのかという問題など、説明書の記述の積み重ねでは解消しがたいリアリティのなさも抱え込んでしまっていた。私は、そこに「リアル」を感じさせようとする苦闘を感受することで、そうしたモビルスーツの設定が「ある」のだと納得してきたのだろう。

最後に、補論的なものだが、オリジナルのグフの「異形さ」に端を発するリアリティの欠落という問題をクリアしようとして設定されたグフの後継機体に迫ってみたい。

一九九六年〜九九年にOVA化された『機動戦士ガンダム　08小隊』のなかに、「グフカスタム」という機体が登場する。デザインはカトキハジメである。グフカスタムでは、フィンガーバルカンという武装は廃止され、代わりのインパクトのある武装として、シールドにガトリングガンが固定された「ガトリングシールド」が装備された。また、ヒートサーベルは、先にも触れたように、実体剣という扱いになり、そのままシールドに収納できるようになっている。

もう一つの懸案であったヒートロッドは、これまでのグフのものよりも細くなり、腕部に収納することがより現実的に見えるようになっている。グフカスタムはHGUCで二〇一〇年にキット化されているが、ヒートロッドはリード線で再現されている。

以上を踏まえると、「グフカスタム」というのは、グフの後継機体という設定ではあるが、デザインしたカトキなりの、より「ありえる」グフの提案だったということもできる。

さらに蛇足的なことだが、宇宙世紀を離れた歴史で展開される『機動戦士ガンダムSEED』（二〇〇二〜二〇〇三年放映）に登場する「グフイグナイテッド」というモビルスーツは、その名からわかるように、グフがモチーフになっている。武装もグフと類似するのだが、ヒートロッドはビームのムチになっていて、サーベルは実体剣なのだが、刃の部分だけビームになっている。これはグフの矛盾を逆手に取った設定といえるだろう。

おわりに――「さもありそう」につなぐということ――

本章では、グフが抱え込んだ、宇宙世紀におけるジオン軍モビルスーツ開発史との齟齬と、その齟齬を齟齬ではないものとして正当化するための補完が、技術革新の度にヴァージョンアップして発売されるガンプラの組立説明書の記載によってなされる、あるいはプロトタイプや後継機体の「デザイン」や設定が、「グフ」の設定に還元されていく過程を追認してきた。すなわち、リデザインされたプラモデルが発売される度に、デザインそのものも「もともとそうだった」(そうあった方がよりリアル)ように、オリジナルから改変され、その問題が説明書において「問題ではない」こととして説明されたり、後期型は違った、などというような補いが行われたりしたのである。

先行研究は、「宇宙世紀」のテクノロジー史は、「プラモデル」との相互連関のなかで、作りだされてきたことを指摘している。本章はこれを承けつつ、「グフ」に焦点を当てて、ヴァージョンアップされるたびに同じグフが何度もキット化されるなかでの、当該のキットの説明書の記述の違いに注目した。新キットが出される度、設定の「追加」(つまり、齟齬の克服)がなされ、しかし、それらは「もともとそうだった」もので、当該の説明書の記述からそれが分かるようになった、という体裁で記述されてきたわけである。

この、グフを繰り返し製品化してきた(あるいは、カトキのようにデザインしてきた)側の、「齟齬を齟齬でなくす」営為は、「グフ」という、曖昧な、あるいは、リアリティのない設定が生み出した多様な「解釈」でもある。そこに他のモビルスーツにはない、グフの魅力があるのだろう。ザクと差異化し、ヒートロッドや、指からバルカンが発射されるという、ある種のラスボス感、魔物感を出そうとしたがゆえに、ジオン軍モビルスーツ開発史上にグフを位置づけようとすると、その設定の「わからなさ」が顕在化してしまったのだと思われる。その「わからなさ」

を、私たちが「理解」可能なように、最初の製品化から四〇年以上、筋を通そうという試みを続けているわけだが、この営為は恐らくさらに続くことだろう。

グフとは、いってみれば、詩的な存在である。グフ自体が、なにものかわからない存在で、それを「わかろうとする」営為としての歴史（武装設定）の創作が繰り返され、ガンプラユーザやガンダムファンはその歴史を「さもありそう」と享受していく。しかしながら、それはあくまで「さもありそう」であって、「ある」のではない。だからこそ、創作（解釈）が繰り返されるのである。わかろうとするが、わからない、それに耐えつつ、解釈を重ねる。この営為は、誤解を恐れずにいえば、「ネガティブ・ケイパビリティ」（帚木 2017）であろう。

グフは恐らく最後まで、「わからない」のであろう。だが、「わからない」ままであるからこそ、私たちは、グフに無限の豊かさを感じることができるのである。これまた誤解を恐れずにいえば、グフを読むとは、詩を読むに似たり[9]。

ところで、この「さもありそう」につなぐという営為は、私が「論理的思考」を問いなおしたこれまでの論稿（渡辺 2019, 2020）で引用し、示唆を得てきた内田（2011）における次の論述とも接続できるように思う。「物語」を発動するための「論理」は、これまでの「教育」で論じられてきた「論理的思考」にはマッチングしない別様のものである。わかろうとして最終的に「わかる」論理ではなく、わかろうとしてつないでみてもなお「わからない」という「論理」の面白味を、本章で論じた「グフ」は教えてくれるのである。

> 平たく言ってしまえば、「論理的に思考する」というのは、要するに離れている二つの出来事のあいだに「脈絡をつける」ということです。そして、「脈絡をつける」ことが要請されるというのは、その二つの出来事のあいだにはとりあえず「脈絡がない」ということを意味しています。／解釈とは、この論理的架橋のことです。

／そして解釈が発動するのは、原因についての思考がそうであるように、「そこに穴がある」ときだけなのです。／こうして「物語」は発動します。（内田 2011：56）

宇宙世紀におけるジオン軍モビルスーツ開発史のなかで、グフは外れた存在で、開発史と接続できない要素をもってしまった。が、そこに販売する側やデザイナーたちが「脈絡」をつけ、開発史の中に正当に位置づけることで「物語」が発動したというわけである。そして、この「物語」は、ガンプラユーザーやファンに、リアリティのある「さもある」ものとして受け入れられ（それは彼らの物語に対する違和感も含む）、しかも、さらなる新しい「物語」を作りだすためのトリガーとなるのである。フィクションの歴史が、かようなダイナミズムのなかで四十年以上という長期にわたって創作され続けるということは、極めて珍しい現象であると思われる。『ガンダム』の懐の深さは、『ガンダムＵＣ』のように、原作者である富野由悠季のみならず、福井晴敏（作家）のように、もともとファンだった人物が宇宙世紀の空白の穴埋めをすることをも許容することである。その意味で、宇宙世紀は、公共に開かれた歴史でもあるのだ。(10)

先にも引用した松崎健一は、同じ文章の最後で、劇中ビームサーベルで（実体刃の）ヒートホークを受けとめてしまうという「ミス」があったことに触れつつ（これはさすがに誤魔化しようがないだろう）、「もっともミスでないところも、そうでないところも、あそこがどうここがどうと突いてくる人が良くいるという事は、こだわらなくてはならない、つまり言うに値しない作品ではないという証拠だろうか」（松崎 1980：199）と述べている。私は「あそこがどうここがどうと突」いてしまったわけだが、まさしく『ガンダム』の宇宙世紀が、「さもありそう」な世界であったからこそ、ということになるだろう。

最後にもう一つ、本章の考察から得られた含意を示しておこう。私たちが、現実世界の歴史を語ろうとするとき、特定の政治的な立場が語りの内容を規制することがある。そのため、しばしば当該の歴史をどう解釈するか、あるいは、「事実」があったのかなかったのかが議論されることも多い。現実の歴史を学ぶ際、歴史が本章で論じたような論理をもって「創られる」側面を有するということを扱おうとすると、センシティブな問題に触れざるを得ない。だが、宇宙世紀のようなフィクションの歴史を用いることで、一般に歴史というものが抱え込まざるを得ない問題をニュートラルな視点から論じることができる。「宇宙世紀」に取り憑かれた私が、歴史が「創られる」という側面に対する高い感度が要求される教育思想史の研究者となったことは、幼い頃からこうした歴史の創造や更新に親しんできたからであるかも知れない。

注

（1）筆者は既に、渡辺（2020）において、合理性と効率性を重視した「プログラミング的思考」とは別様の「論理」について、鈴木大拙や志村ふくみにおけるAと見えないBを連鎖させるという営為に着目して検討を加えたことがある。本章はこの試みをさらに展開させたものである。

（2）松井は、こうしたガンプラのありように関して、「ガンプラに代表されるキャラクターモデルのあり方は、情報消費社会の原理と、論理的にも対応していることがわかる。つまり、情報化／消費化というマクロな社会変動と適合的であったからこそ、ガンプラは各個人がオリジナルな解釈をも求める方向に展開し、人気を博していったと考えられるのである」（松井 2017：132–133）と述べている。

（3）1/144モデルも発売されたが、こちらにはサーベルがついておらず、説明もない。

（4）ヒートサーベルはグフの後継機であるドムにも装備されていたが、刀身が発熱する実体剣である。その意味で、グフが装備していた「ヒートサーベル」は、ドムのそれとは異なるものである。当時、ドムにおいて初めて「まだジオン軍ではモビルスーツが装備可能なビーム兵器が開発されていない」という設定が明確になったのではないだろうか。

（5）発売当時刊行された、『講談社ポケット百科シリーズ　ロボット大全集1　機動戦士ガンダム』におけるグフの武装紹介には「ビームサーベル」と表記されている。子ども向けの書籍だが、興味深いことに、「両手が武器になっているため、うまくつかえなかった」（グループ有翼人 1981：116）と解説されている。両手ともフィンガーバルカンになっているという解釈で、しかも、それゆえサーベルを保持するのに難があったという分析がなされている。

（6）HGUCの説明書にはページ番号がないので、引用ページ番号は付さない。

（7）ちなみに、HGUCグフは、ヒートサーベルを、刀身ごとシールドに収納するようになっている。ここで論じた説明書の内容と矛盾するのだが、「グフ」というモビルスーツ設定の難しさを示しているともいえる。

（8）MSVシリーズのモビルスーツデザインに関与した小田雅弘は、グフ飛行試験型を「元々局地戦としてザクをはるかに凌駕する地上専用重モビルスーツとして設定されたグフをぼやかせる結果となることがわかっていた」（小田 2018：122）と評している。あるいは「グフの重武装タイプの両腕がフィンガー・バルカンなのは、ムチ（ヒート・ロッド）を振るわせたくなかっただけです（笑）」（オフィスJ・B編 2018：41、小田雅弘のコメント）という。ヒートロッドが『ファースト』世界のなかでリアリティのない武装設定だったことは、当時の模型制作サークルのなかでも感じられていたのであろう。

（9）かように詩を読む態度については、渡邊（2013）から示唆を得た。

（10）この傾向は、永井豪『デビルマン』にもみられる。『ネオデビルマン』のように、他作家による「穴埋め」が行われることもあるが、興味深いのは、永井豪本人によって、何度も『デビルマン』の「穴埋め」が行われたり、『激マン　デビルマン編』のように、永井豪の回想の形で実質的にリメイクしたりしている場合もある。また、もともとの原作に「穴埋め」したものを導入して再編集された「愛蔵版」も出ている。

文献

内田樹『映画の構造分析』文春文庫、二〇一一年。
小田雅弘『ガンダムデイズ』トイズプレス、二〇一八年。
オフィスJ・B編『MSV THE FIRST』双葉社、二〇一八年。

川村清志「ガンプラというフェティシズム――モノと物語の相互作用」田中雅一編『越境するモノ――フェティシズム研究　第2巻』京都大学学術出版会、二〇一四年、四四九―四七二頁。

グループ有翼人構成『講談社ポケット百科シリーズ　ロボット大全集1　機動戦士ガンダム』、講談社、一九八一年。

講談社編『機動戦士ガンダムモビルスーツバリエーション②　ジオン軍ＭＳ・ＭＡ編』（復刻版）講談社、二〇〇六年（初版一九八四年）。

帚木蓬生『ネガティブ・ケイパビリティ――答えの出ない事態に耐える力』朝日新聞出版、二〇一七年。

松井広志『模型のメディア論――時空間を媒介する「モノ」』青弓社、二〇一七年。

松崎健一「ガンダム・ミニ百科　ＳＦ考証のこと」『機動戦士ガンダム・記録全集4』日本サンライズ、一九八〇年、一九五―一九九頁。

渡辺哲男「言葉とアートを「つなぐ」ということ」渡辺哲男・山名淳・勢力尚雅・柴山英樹編『言葉とアートをつなぐ教育思想』晃洋書房、二〇一九年、一―一二頁。

――「「プログラミング的思考」が見落とす「論理」と近代化に対する態度――鈴木大拙とその系譜としての志村ふくみをてがかりとして」『立教大学教育学科研究年報』第六三号、二〇二〇年、一〇三―一二六頁。

渡邊十絲子『いまを生きるための現代詩』講談社現代新書、二〇一三年。

（以下は参照した組み立て説明書が添付されていたガンプラの一覧。現在ガンプラの販売元は正確には「バンダイスピリッツ」であるが、「バンダイ」で統一した）

『1/144　改良強化新型グフ』バンダイ、一九八〇年一一月。

『1/100　改良強化新型グフ』バンダイ、一九八一年一二月。

『ＨＧＵＣグフ』バンダイ、二〇〇〇年四月。

『ＭＧグフ』バンダイ、二〇〇〇年一〇月。

『ＭＧグフ Ver. 2』バンダイ、二〇〇九年五月。

『HGUCグフカスタム』バンダイ、二〇一〇年一一月。
『HGUC revive　グフ』バンダイ、二〇一六年四月。

第2章

現代スポーツマンガにおける凡人の努力
——不平等社会における希望の見出し方、あがき方——

間篠　剛留

はじめに

ひたむきに努力し、仲間と力をあわせて勝利を掴む。そんなスポーツマンガに勇気をもらい、生き方を学んできた人は少なくないだろう。マンガの名言に生き方を学んだ／学ぼうという記事や著作を見かけることも多い。大塚(2005)は、「「ロール・モデル」としての小説の書式が不成立になりつつある」現代において子どもたちの前に成長の書式、すなわち教養小説（ビルドゥングス・ロマン）がなくなってしまったことを危惧しているが、かつてのビルドゥングス・ロマンほどの影響力を持たなかったとしても、スポーツマンガはその一端を担っているかもしれない。

しかし、現代は皆が皆主人公であると単純には信じられなくなった時代である。社会の不平等も顕在化してきている。努力すれば報われるというメッセージが持つ意味は今なお残っているだろうが、それとは異なるメッセージも発しなければ読者の心を掴むことはできない。不平等社会を前提としながらも、他の作品群（例えば後述の異世界転生もの）とは異なる前向きなメッセージも、スポーツマンガには描かれていると予想できる。

そこで本章では、異世界転生ものの作品群とソーシャルゲーム（ソシャゲ）から現代の若者の閉塞状況を確認したうえで、『少年ジャンプ』に連載されたスポーツマンガを題材に、凡人の努力がどう描かれるようになってきているのか、そこにどのような意味や可能性があるのか、検討してみたい。二〇〇〇年代以降のマンガやアニメの傾向については、既にいくつかの研究の蓄積がある（宇野 2011、宇野ほか 2011、宮本ほか 2018など）。また、努力観の変化についても研究が重ねられている（大川 2016、苅谷 2001、本田 2005、本田 2020、など）。本章では、これらの先行研究も手掛かりとしながら、一九八〇年代以降に連載が開始されテレビアニメ化もされた作品を主として取り上げ、検討を進める(1)。

1 異世界転生ものとソシャゲに見るリセット感覚

二〇一〇年代半ば以降、ライトノベルやマンガ、アニメ等に「異世界転生もの」と呼ばれる作品が急増し、現在ではもはや一般的なものとなった。異世界転生ものとは、現実世界とは異なる世界に何らかの形で主人公が転生（又は転移）し、そこで活躍するというプロットをもつ物語である。なぜ主人公が活躍できるかといえば、転生先が現代的な知識に乏しい世界であったり、転生に際して主人公が特殊能力を授かったりするためである。そのため、努力せず成功したいと考える若者の心情が表れている、といった評価がなされることが多い。例えば、『努力』ではなく、平凡な主人公が実はすごい力があって、異世界で気持ちよく活躍する物語が多い」（高津 2018）とか、「人生をリセットできたら、こんな自分になりたい」という願いが透けて見える」（大岩 2018）、といった形である。しかしながら、現代的な知識を活用したり、能力の活用を試みたり、現地の人々と協力しあったりと、努力描写がまったくないわけではない。むしろ若者は、努力や工夫に希望が持てる世界を望んでいるように思える。

このことをソシャゲと重ねて考えてみよう。近年のソシャゲの一つの特徴は、アイテムやキャラクターがランダムで手に入るくじ「ガチャ」と、希少なアイテムの出現率を上げたりガチャを引く回数を増やしたりすることのできる「課金」の組み合わせにある。特別なアイテムやキャラクターは課金なしには非常に手に入りにくいが、スタート時点のガチャで特別なものが手に入れば、無課金ユーザーでも他の無課金ユーザーよりは優位に立てる。この仕組みによって誕生したのが「リセットマラソン」（リセマラ）である。これは、ゲームの登録から最初のガチャまでを何度もリセットして繰り返すことにより、自身の望むアイテムやキャラクターを手に入れてゲームを開始しようとする行為を指す。このように、異世界転生ものでもソシャゲでも、「リセット」はできる限り良い条件を手に入れてスタートする方法となっている。

ゲームの問題として「リセット」が語られるのは今に始まったものではない。既に一九九〇年代から論じられており、「リセットしてしまえば何とかなる」と考えるのは「やわになった現代人の現実からの逃避」とも言われた（永峰ほか 1997）。しかし、九〇年代当時のリセットは「再び心地よい世界に」しがみつこうとするものであった。これに対して異世界転生ものやソシャゲのリセットは、今よりも良い条件でスタートするために行われる。戻るべき「心地よい世界」は存在していないのである。一九九〇年代後半、新たな経済システムによって生活基盤が二極化し、絶望感をもつ者が増えたと言われる（山田 2007）。そこにあるのは「条件が好転しなければリセットしても意味がない」という閉塞感だろう。「親ガチャ」という言葉が話題になったこともあるが、これもその一つの表れだと考えられる。このような時代にあって、努力の語られ方がそれ以前と同じであろうはずはない。

2　スポーツマンガにおける努力の変化

では、スポーツマンガにおける努力にどのような変化が見られるのだろうか。

かつて「友情・努力・勝利」が高らかに謳われていた頃、努力する凡人は主人公になり得た。ちばあきおによる野球マンガ「キャプテン」（一九七二年－一九七九年『月刊少年ジャンプ』連載）はその代表である。名門青葉学院で二軍の補欠だった主人公谷口《たにぐち》タカオは、転校先の墨谷二中でも野球を続けようとしたところ、名門中学のレギュラーが来たと勘違いされてしまう。谷口は周囲の期待に応えようと努力を続けて大きな成長を遂げ、やがて墨谷二中のキャプテンとなる。凡人である主人公が努力と友情によって勝利を掴む、成功譚だといえる。

しかし、その後主人公に凡人の姿は見られなくなった[2]。例えば井上雄彦の高校バスケットボールマンガ「SLAM DUNK」（一九九〇年－一九九六年連載）を見てみよう。元不良でバスケットボール初心者ながらも類まれなる身体能力と根性で大活躍を見せる桜《さくら》木《ぎ》花道《はなみち》と、将来を期待される天才的プレイヤー流《る》川《かわ》楓《かえで》という二人の一年生が物語の中心であるが、他にも何人かの一年生がいる。しかし彼らには作中ほとんど登場機会がない。特に石《いし》井《い》健《けん》太《た》郎《ろう》は公式試合に出てすらいない。彼が脚光を浴びたのは、同作最後の試合で桜木花道の手を握り、リバウンドがとれるように念を込めるシーンであった。そこに描かれた試合に出られない者のもどかしさには現実味があるし、その中でも何かをしたいという石井の思いと行動に共感を抱く読者も多いだろう。しかし、凡人自身が試合で活躍する希望は、ここでは描かれない。自分もコートでプレイしたいという一年生の思いが描かれたこともあるが（四一話）、彼らの努力に焦点が当たることはない。凡人である彼らは念を込めることしかできなかったのである。

また、許斐剛の中学校テニスマンガ「テニスの王子様」（一九九九年－二〇〇八年連載）にも同様の傾向がみられる。主人公越前《えちぜん》リョーマは、物語が始まる前にアメリカのジュニア大会で連続優勝を果たしている天才的プレイヤーである。また本作には越前の他にも個性豊かな超人的プレイヤーが登場し、独特のプレイスタイルや現実離れした必殺技で話を盛り上げながら戦いを繰り広げていく。一方、越前と同じ年に入部した一年生堀《ほり》尾《お》聡《さと》史《し》はテニス経験者であるが、普通の人である。彼なりの必殺技やプレイスタイルをもつどころか、コートに立って試合をすることさえない。主人公や先輩部員の試合を見て驚き、喜び、解説するのが彼の役割である。これは超人を見守る読者目線の代理でしかない。

もちろん、努力する凡人が主人公ではなくなったといっても、主人公が努力をしなくなったわけではない。桜木にしても越前にしても、厳しい練習を積み重ねている。しかし、桜木は身体的にも運動センスの面でも恵まれている。越前は元プロ選手の父からセンスを受け継ぎテニスの英才教育を受けて育った。そんな彼らを「凡人」と言うことはできない。

こうした傾向は二〇〇〇年代に転換する。輝く主人公の陰で努力を続け、ピンポイントでの成功を掴む凡人たちの存在が見られるようになる。稲垣理一郎・村田雄介の高校アメリカンフットボールマンガ「アイシールド21」（二〇〇二年-二〇〇九年連載）の雪光学《ゆきみつまなぶ》がその一人である。同作の主人公である一年生小早川瀬那《こばやかわせな》の活躍に憧れた二年生雪光は、運動経験がないながらも入部テストに合格し、作中第三三話で入部した。ところが、厳しい母親の下で勉強一筋に生きてきた雪光には運動競技自体が苦しい。その後主人公らチームの主力メンバーと共に地獄の特訓を踏破するも、大会ではその特訓に参加していなかったバスケ部からの助っ人に負けてスタメン落ちし、初戦から六戦目まで出番がない。それでも腐らず努力を続け、第一八〇話、関東大会九連覇中の神龍寺ナーガ戦で初出場を果たす。それはチーム最大のピンチの場面であったが、雪光がずっと練習を続けていたワンプレイが反撃の狼煙となった。ただし、それを機に彼がエースプレイヤーになったというわけではない。彼はその後もスタミナ不足に苦しみ、フル出場できるスタメンとしての活躍は望めなかった。雪光が掴んだのはあくまで、主人公らレギュラーメンバーとは違う形で活躍する可能性だったのである。[3]

同様のことが、古舘春一のバレーボールマンガ「ハイキュー!!」（二〇一二年-二〇二〇年連載）の一年生山口忠《やまぐちただし》にも言える。同じ一年生に、小柄ながらも驚異的なジャンプ力を誇る主人公日向翔陽《ひなたしょうよう》、全国レベルの天才的セッター影山飛雄《かげやまとびお》、高身長でクレバーなブロッカー月島蛍《つきしまけい》がいる中で、山口は自分も試合に出たいと願い、ピンチサーバーに活路を見出す。チームOBの嶋田《しまだ》からジャンプフローターサーブ（回転数を落とした不規則な軌道を描くサーブ）の特訓を受けた結果、ピンチサーバーとして出場機会を得るも、一度目は失敗に終わる。二度目は勝負に対して逃げ腰になり、難易度の高いジャンプフローターではなく安全に相手コートに入れるサーブを選択してしまう。しかし、県大会の準決勝戦で絶望の淵からチームを救ったのが山口のサーブだった。ピンチサーバーという立場上、常にコートに立っているわけではない。しかし、狭い役割であったとしても、そこに対して努力し準備することで、彼らはたとえ一瞬であれ、輝きを放っている[4]。

雪光や山口に共通しているのは、自分がスタープレイヤーではないことを理解したうえで、わずかでも自分が活躍できる可能性のある分野を見定め、そこに賭けたことである。そのうえで、できることを愚直に行っていった。単にひたむきな努力だけで活路が見出されるわけでもないし、別の才能を持っているプレイヤーを超えていくわけでもない。重要なのは、たとえ主人公になれなかったとしても、勝利を目指す物語の中に参加することであり、そのために努力が位置づくことである[5]。読者としても、主人公たちが劣勢に立たされているときに彼らの活躍によってチームが救われることにより、大いに感動できる。

さて、ここまでの記述に疑問に抱いた読者もいるかもしれない。コツコツと努力を続けた末に活躍した者たちは二〇〇〇年代以前にもいるではないか、と。例えば、「SLAM DUNK」の三年生木暮公延《こぐれきみのぶ》がそうだろう。木暮はスタメン五人に比べると目立った能力のない選手であるが、読者からの人気は高い。特に、「層のうすいベンチ要因」と侮られた木暮が試合を決定づけるシュートを決めたシーン（第一八三話）は印象深い。そこには長年ひたむきに努力した結果があらわれている。その他「SLAM DUNK」の努力の人として明示されるのは、強豪ライバル校海南大附属の宮益義範《みやますよしのり》である。入部時は初心者で、体格的にも華奢で小柄ながらも三年間厳しい練習に耐え抜き、チーム全体の信頼を得るほどの実力を得ている（第一〇五話―第一〇六話）。また、森田まさのり『Rookies』（一九九八年―二〇〇三年連載）の御子柴徹《みこしばとおる》は、真面目な努力家である一方、中学校時代はずっと補欠だった。しかし、一時不良のたまり場となった野球部の中でも努力を重ね、その後は主人公チームに二人しかいない野球経験者として重要な役割を果たし、主将として活躍する。

確かに、これらの例はコツコツと努力を続けて成果を上げた者たちである。しかし、前述の現代的なリセット感覚を考えるのであれば、木暮も宮益も御子柴も、持たざる者ではない。彼らには競技歴がある。物語が始まった時点で、彼らは主人公や読者の先を歩いている。雪光や山口の物語に特徴的なのは、それが主人公と同じ時期かその後に本格的にその競技を始めた者たちの成長譚だということである。

こうした傾向を、もう少し大きな文脈に照らして検討してみよう。宇野常寛によれば、一九九五年までの『週刊少年ジャンプ』では、「ドラゴンボール」や「幽☆遊☆白書」に代表されるような、近代的ヒエラルキーを主人公が駆け上がっていく「トーナメント」に象徴されるシステムが支配的だった。その作品世界を支配するのは単純な「力比べ」であり、「努力と友情」によって勝敗が決する。これに対して二〇〇〇年代に全面化したのは、同等の多様な能力をもつ無数の登場人物どうしが知恵を絞って戦っていく「カードゲーム」のようなシステムをもつマンガだった。そこにあらわれているのは、世界の不透明さは自明のこととして受け取り、「そんな世界に、具体的にどう立ち向かうのか」という態度であった（宇野 2011）。また、マンガ解説者の南信長は、二〇〇〇年代に入って「大きな物語ではなく、自分が肌身で感じられるような、自分の体で感じられるようなスケールの世界、そういう物語を語ろうとする流れ」が現れてきたと言う（宇野ほか 2011：200）[6]。大きな物語が解体されて小さな物語が乱立したとき、これまで焦点の当たらなかった凡人たち、控え選手たちにも光が当たるようになった。凡人たちが自分たちの感じられるスケールで現実に向き合い、しかし世界をそのまま諦めるのではなく自分のできる立ち向かい方、あがき方を考えていくのである。また、カードゲーム的世界だからこそ、現状チームに存在しないカードへと、そしてそれがあればチームの戦略の幅が拡がるようなカードへと、自分が成長しうる隙間が成立している。

一般的にビルドゥングス・ロマンに描かれているのは単に一人の個人の自己形成の過程だけでなく、「社会的現実のなかで個人はいかにして意味ある生を営むことができるか」という問いである（池田 1979：11）。雪光や山口にとって重要な社会的現実とは、彼らがどうあがいても一流選手にはなれないだろうということだった。体格でも体力でも本格的な競技歴でも、彼らは主人公たちに劣る。しかし彼らはその状況下でも試合に参加し活躍することはあきらめず、どうしたらよいかを考えた。そしてその可能性が残されている分野に自分を賭け、努力を重ねたのである。雪光や山口のあがきは「いかに生きるべきか」という問いに対する一つの答えを提供してくれている。

もちろん、それは簡単なものではない。雪光や山口は、「何に自分を賭けるか」の選択を行った。その結果、そこに賭けてしまってよいのかという不安を背負わなければならなくなった。サーブに失敗した山口やバスケ部の助っ人に負けた雪光の悔しさに胸を痛めた読者も多いだろう。しかし、それが凡人の努力をリアリティのあるものにしているし、それが報われた時の感動をより大きなものにしている。

3　道徳教育を考える
――「結局は才能があったんじゃないか」にどうこたえるか――

では、こうした現状を道徳教育に当てはめて考えてみるとどのようなことが言えるだろうか。特別の教科道徳には扱うべき内容項目があり、中学校では二二項目にまとめられている。各社の道徳教科書にはその項目を中心的に扱う題材がある。その中であきらめずに努力するという内容にもっとも近いのが「希望と勇気、克己と強い意志」

である。各社の道徳教科書を見てみると、日本の科学や文化の発展に貢献した人物や、世界的偉業を成し遂げた人物の話が中心であることがわかる。こうした話は、若者に希望を持たせる話ではあるが、一方で、不平等社会を生きる若者にとってみれば、特別な才能をもった成功者の体験談と映ってしまう可能性があるだろう。教職課程の道徳教育の授業でも、時折そのような意見が学生から聞かれる。あれは自分とは違う人なのだと感じていた、と。

二〇〇〇年代以降のスポーツマンガも、主人公だけに焦点を当てるならば、同じようなメッセージを発してしまう。「アイシールド21」の主人公は、小柄な体格と臆病な性格から中学時代まで「パシリ」として人生を送ってきた。しかしそのパシリ生活の結果、障害物を巧みに躱しながら最速で動く脚力を手に入れており、それが彼のアメフトでの力となった。目立たない少年がスポーツで努力し、仲間とともに成長するというのは王道の展開である。しかし「そもそもそこまでのスピードで走れるのは才能や身体的優位があったのだ」と言ってしまうことはできる。「ハイキュー!!」の主人公日向は低身長というハンディキャップを驚異的なジャンプ力で克服していき、最終的にはプロ選手にまで成長するが、彼に対しても「ジャンプ力という才能をもっていたのだ」と言ってしまえる。「努力する凡人」なのではなく、「自分たちにはない才能をもった者が努力しているだけなのだ」と。

では、主人公以外が努力した場合についてはどうか。凡人とされる人がプロスポーツ選手へと至った代表的な例は「キャプテン翼」(作者:高橋陽一、一九八一年－一九八九年連載)の石崎了《いしざきりょう》だろう。目だった特技もなく(顔面ブロックは有名だが)身体的にも優れているわけではない。それでもたゆまぬ努力と並外れた根性で優れた選手たちに食らいつき、中学時代には市選抜に選ばれ、高校時代にはワールドユースに参加し、最終的にはプロ球団に入団する。(7)作者高橋は「石崎や森崎というのは天才ではないと思うのですけれども、そういう子たちでも努力すればやれるということを示したい部分は、『キャプテン翼』の裏のテーマでもあったのかなと思っています」と語っている(高橋、岩本 2021)。

こうしたメッセージは一九九〇年代頃までは大きな力を持っていたのかもしれない。しかし、二〇〇〇年代以降では実効性を弱めているように思われる。日本の努力主義について歴史社会学的に検討した大川（2011）は、かつて日本社会に根強く浸透していた「「頑張り」＝努力主義」は長期的に空洞化に向かっていると指摘し、その原因として、「「豊かさ」がある程度維持されていること」と、「「いくら頑張っても血筋には適わない」、すなわち「頑張り」が報われない状況が出現していること」を挙げている。(8)「キャプテン翼」では、天才ではない人たちの努力が報われた結果、彼らはプロになった。しかし二〇〇〇年代以降にはそうした物語はリアリティを持ったものではなくなってしまっている。プロになった時点で、それは凡人ではなく、才能ある者となってしまうのである。

そう考えてみると、「アイシールド21」や「ハイキュー!!」では、「努力すればやれる」の意味や到達点が変わっている、あるいは広がっていることに気付く。主人公に限ってみれば、彼らは日本代表に選ばれるところまで成長するわけで、そこは一九九〇年代と変わらない。しかし、雪光や山口は強化選手や日本代表に選ばれるわけでもなく、ましてやプロチームで活躍するわけでもない。それでもその努力は報われている。自分の居場所になるかもしれない場所に賭け、そこに打ち込み、チームに貢献する。彼らの努力の報われ方は、一九九〇年代以前の感覚からすれば限定的なものや夢のないものに思えるかもしれない。努力する凡人は、チームメイトと協力して対戦相手を打ち負かす一員にはなり得るが、プロにはなれない。いや、彼らはプロ選手になってはいけないのかもしれない。

「SLAM DUNK」の魅力を分析した谷本（2009）は、同作がバスケ初心者花道の成長を描くことで「今は停滞している読者の、「もっと自分は変われるのではないか」という甘えにも似た期待を紙面上でかなえる装置」として機能していると指摘した。では、二〇〇〇年代に入って花道のような主人公やスタメンの成長だけでなく、凡人たちの努力がより精緻に描かれるようになってきたのはなぜだろうか。そこまで単純に願望がかなえられなくなったということが一つの可能性として指摘できる。山田（2007）が指摘したように、現代の若者はかつてほど皆が皆上昇できると楽観的に考えてはいない。山口や雪光も、競技歴や才能、体格などの厳然たる不平等を思い知っているのである。その山口や雪光がプロになってしまえば、弱い読者から、そして現実のリアルな感覚から、離れすぎてしまう。弱い読者に寄り添えるギリギリのところでの成功が、雪光や山口には与えられるのである。

山口や雪光を「分相応の成果に甘んじている」と非難することもできる。しかしそれではヒエラルキー的な思考にからめとられてしまう。ヒエラルキーを上昇していくこととは異なる形での努力の報われ方が、現代のスポーツマンガでは模索されているのである。

4 ブラック化の懸念と、それを乗り越えていく可能性

ただ、そうした努力のあり方を道徳教育に活かしたり、他者に訴えたりしようとした際、懸念も生ずる。それは狭い閉じた世界でのガンバリズムへと若者を追い込んでしまう危険である。例えば常見（2019）は、日本的ガンバリズムやブラック企業の原型を「巨人の星」に見出し、「DV漫画、パワハラ漫画でしかない」と断ずる。「キャプテン翼」や「SLAM DUNK」についても、かなりマイルドに見えるとしながらも、「スポーツという苦行に取り組んでいる」ことに違いはなく、そこにあるのは「爽やかなガンバリズム」であり、名言の数々にも「明るく楽しいブラック企業、意識高い系ブラック企業の論理」が見られるとする。例えば「SLAM DUNK」の名台詞「あきらめたらそこで試合終了ですよ」(9)も、そこに含まれる。「一見すると健全なようで、過度な競争を助長する」点が、常見の問題視する点である。もちろん、常見はスポーツマンガを全て否定しているわけではなく、夢や感動、勇気を与えてくれることもあることを評価してもいる。しかし、スポーツマンガそれ自体が労働社会をゆがませる可能性を常見は危惧している。

こうした懸念は、他者に向けて努力を語る行為それ自体につきまとうものかもしれない。吉崎（2007）は、政策的な「努力すれば報われる社会を」論が、上層を顕彰する一方で、中・下層以下に対しては「落ちないためにも努力しなければならない」と煽り立てるものとなっていると指摘している。努力を輝かしいものとして描こうとすることそれ自体が、ブラック企業的思考を導いてしまう可能性がある。弱者をエンパワーメントするどころか、自己責任論を押し付け、努力しない者／できない者を切り捨てる論理にもなりかねない。

では、右記の批判をどう克服していけばよいのだろうか。その克服の手がかりも、現代のスポーツマンガには見られるように思われる。「ハイキュー!!」を題材に考えてみよう。そのカギは、世界を開いていくことである。

日本マンガ史研究者の宮本大人は、スポーツマンガに描かれる「同性の熱い絆でつながった人たちの世界」について、魅力的であるが、ホモソーシャリティの高い空間になりがちで、体罰を熱い指導と捉える理屈もそこに生まれてしまうと指摘した（宮本ほか 2018）[10]。先述のガンバリズムの強要の背景の一つにはこの閉鎖性があると言える。

この点に関してスポーツマンガで象徴的なのは、怪我や病気を押しても出場するというエピソードだろう。これは感動を呼びやすいこともあってか、さまざまなマンガに見られる。「キャプテン翼」や「SLAM DUNK」はもちろん、二〇〇〇年代以降の作品として取り上げた「アイシールド21」にも、「ハイキュー!!」にも見られ、もはやスポーツマンガの定番である。「私には今ここしかないのだ」という信念は、何かの準備に今を費やしがちな現代人にとって、恐ろしいほどに輝いて見える。しかし、「今ここしかないのだ」と思いこませてしまうことは、まさにブラック企業の論理だろう。努力を閉じた世界に限定してしまうことで、歪みが生じてしまうのである。

一方、二〇〇〇年代以降のマンガ、特に「ハイキュー!!」に見られるのは閉じた世界でのガンバリズムとは異なったものである。「ハイキュー!!」の高校時代の物語の結末はあっけなく、そしてある意味で非常に現実味を帯びたものだった。全国大会の準々決勝の際、主人公日向が三九度を超える発熱により退場し、そのままチームは敗退したのである。これをトーナメントシステムの放棄が継承されたと捉えることもできるが、世界を開いたこととして捉えることもできよう。トーナメントが終わったとしても、主人公たちの人生がそこで終わるわけではない。その後も人生は続いていく(11)。

もちろん、スポーツマンガであるため、技量の向上は高い価値を持っている。特に「ハイキュー!!」では、「楽しむ」ことや「自由」と「強い」こととが強く結びついている。最たるものが「強いって／自由だ」という台詞である。これは相手のミスを誘う技巧的なサーブを放った影山を見て日向が発した台詞だが（第三五〇話）、これを聞いていた山口は、後にプロになった日向のプレイを見て、日向の発言を思い出し、引用しながら「「強いって」／「自由だ」」とつぶやく（第三八六話）。この「自由」は制限や制約を受けないという「～からの自由」（消極的自由）ではなく、フロム（1951）が評価するところの「～への自由」（積極的自由）だろう。価値を実現するために行動することがここでは憧れの対象となっているのである。

しかし、これを強者の論理と捉えてしまってよいだろうか。強者こそ自由であり人生を楽しむことができるのであって、弱者は淘汰されるだけなのだ、と考えてしまってよいだろうか。恐らく作者の意図はそうではないし、それとは違った世界が作中には描かれている。物語終盤では主人公チームが敗退した六年後、日向や影山らがプロ選手として活躍する様子が描かれるが、当時活躍した選手が皆プロ選手になっているわけではない。県大会最終戦で活躍した天才的ブロッカー天童覚《てんどうさとり》はショコラティエに、全国大会第二回戦で活躍した宮《みや》兄弟の弟治《おさむ》はおにぎり屋の店長になっている。プロに進んだ者以外を見てみると、スポーツ関係の仕事に就いている者は少数派である。しかし、彼らは決して敗者ではない。治は高校後の進路で兄侑《あつむ》ともめた際、「何でバレー続けてる方が『成功者』みたいな認識なん?!／俺は妥協して道を進むのんとちゃうねんぞ」と啖呵を切る（第三八一話）。バレーボールマンガであるからには、バレーボールを続けることが「勝ち組」のように思えてしまうが、必ずしもそうではないということが劇中にはっきりと示されている。二人は勝ち負けを競っているが、明確な勝ち負けはつかないだろう。

また、先の山口の台詞「「強いって」／「自由だ」」を改めて考えてみたい。この台詞は日向のプレイを見て発せられたものだが、そこには日向の発言の回想と同時に、イタリアに渡ってカジキ漁を行っている元チームメイト西谷夕《にしのやゆう》の後ろ姿が挿入されている。これも非常に示唆的である。自由であり楽しむ為にはへたくそさを克服し、強くならなければならない。しかしそれはバレーボールの世界だけで、今いる世界だけで頑張りあがき続けなければならないというわけではない。スポーツマンガに描かれるのは閉じた世界の中での熱さになりがちであるが、外に開かれていく可能性が描かれているのである。

その例は他のシーンにも見られる。例えばマネージャーの谷地仁花《やちひとか》が遠征費用を募るため寄付金募集のポスターを作成する（第七五話）、二年生レギュラー田中龍之介《たなかりゅうのすけ》の姉冴子《さえこ》が和太鼓応援団を率いて応援で選手をサポートする（第二五二話）など、選手以外の戦いや貢献も描かれている。ホモソーシャルな世界に亀裂を入れつつ、プレイヤーの活躍だけでスポーツの世界が成り立っているわけではないことを示している。[12]指導者と選手の関係も閉鎖的・単線的ではない。主人公のチーム烏野高校には部活顧問武田一鉄《たけだいってつ》とコーチ烏養繋心《うかいけいしん》がいるが、チームの外には日向の指導者として烏養一繋《うかいいっけい》元監督、山口の指導役としてOB嶋田がいる。ライバルチーム合同での合宿の際には、チームの垣根を越えた選手同士の師弟関係も生まれている。選手としての階梯の上り方も一元的ではなく、日向はビーチバレーを経験してから日本のプロリーグに入る。さらには日本代表選手になることが唯一の終着点というわけでもない。県予選準決勝で対戦した青葉城西高校のセッター及川徹《おいかわとおる》はアルゼンチンに帰化してアルゼンチン代表となっている。[13]

スポーツであるからには、単線的な指標で表せないにしても、技量や強さは確かに存在している。しかし、単純なヒエラルキー構造を解体し、多様な物語を描いていることに二〇〇〇年代以降のスポーツマンガの特徴がある。

これまで才能と努力を対比させて論じてきたが、作中に描かれる才能も実に多様である。そのため、何らかの才能を持っているレギュラー選手が別の選手との対比で悩むこともある。それゆえ、選手間の影響関係も複雑に描かれていくことになる。

日向や影山の格好良さ、熱さに山口は憧れをもった。それがあるからこそ、ただ楽しいというところから、もっとうまくなりたいという意思が生まれている。しかしそこで終わりではない。レギュラーメンバーとして活躍するもどこか冷めていて努力を避ける月島に対して、山口が掴みかかって訴えるエピソードがある。その時月島は、「僕がぐだぐだと考える事より山口の一言の方がずっとカッコ良かった」という思いを示している（第八八話）。そしてさらに、成長した月島の活躍は他のメンバーを鼓舞するものになる。憧れるような格好良さも、ヒエラルキー的に存在しているのではない。多様な網の目の中での複雑な相互関係の中で成立しているのである。

そうしたとき、「努力」もまた別の観点から考えることが可能となる。努力は一般的に個人の行為あるいは能力として捉えられがちであるが、本当にそれは個人に帰することのできるものだろうか。雪光や山口が自分の可能性に賭けることができたのはなぜか。それはチームメイトをはじめとする仲間との関係があったからである。そうするとその努力を「関係的で集団的で共同的な能力」（竹内 2007）と捉えることもできるのではないだろうか。近年、能力を個人に帰することへの批判的検討も進められている（サンデル 2021）。もしも雪光や山口の努力を手掛かりに教育を考えようとするならば、それを個人の能力とだけ見るのではなく、その関係性にも注目する必要があるだろう。二〇〇〇年代以降のスポーツマンガが示してきたのは、ヒエラルキー的な構造とは異なる、関係性の網の目の中での多様な努力のあり方であり、努力はその関係性の中でこそ生まれ得たのである。

おわりに

これまで、二〇〇〇年代以降のスポーツ漫画において、主人公ではない凡人の努力と活躍が描かれるようになってきたことを論じてきた。そうした努力のあり方は、不平等社会を生きる希望として、新たな光を投げかける。単に努力すればよいという努力神話に陥るのでもなく、希望を捨て去りあきらめるのでもない、粘り強いあり方を、現代のスポーツマンガは示している。それはカードゲーム的世界を仕方ないものとして受けいれ、その世界の一つのカードになるということかもしれない。しかし、当該スポーツの中だけに世界が限定されるのでなく、その後の別の世界の可能性も描かれており、一つのカードとしての自分を超えていく可能性もまた示されている。

さて、最後にもう一つ、触れておかなければならないことがある。それはスポーツマンガ自体が困難の時代にあるということである。「ハイキュー!!」が結末を迎えた二〇二〇年七月、『週刊少年ジャンプ』からスポーツマンガが消えた。その後二〇二一年に連載が開始された野球マンガ「クーロンズ・ボール・パレード」（原作：鎌田幹康、作画：福井あしび）もわずか五カ月間で連載を終える。もちろん、他のマンガ雑誌から全てスポーツマンガが消えたわけではないが、スポーツマンガ自体が難しい時代になっていると言える。そこには、努力を描き込むことの難しさも一因としてあるのかもしれない。しかし多くのマンガに影響を受けて育った筆者としては、今後も新たなあがき方、生き方が提示されていくことを願いたい。

注

（1）　雑誌に掲載されたマンガ作品は章末の文献一覧には掲載せず、台詞等を引用する際には話数を示した。また、台詞を引用する際には、改行は反映せず、フキダシやページをまたぐ際には「／」（スラッシュ）を入れた。なお、連載については特に断りがない限り『週刊少年ジャンプ』のものである。

（2）落ちこぼれと言われた選手の成功物語がないわけではない。樋口大輔によるサッカーマンガ「ホイッスル！」（一九九八年－二〇〇二年連載）は前述の「キャプテン」と同じ型をもつサッカーマンガである。名門サッカー部の三軍に所属し体格に恵まれず技術的にも劣った主人公風祭《かざまつり》将《しょう》が、弱小の桜上水中学校に転校し、名門チームのレギュラーが来たと勘違いされるところから物語が始まる。そこから努力を重ねる風祭の成長が描かれるのであるが、最終的に風祭はU-19日本代表に選ばれ、さらに続編の「ホイッスル！W」（二〇一六年－『マンガワン』及び『裏サンデー』連載）では海外のプロチームで活躍している様子が描かれる。そうなると、風祭に才能がなかったと言うのは難しい。さらに彼の亡父は社会人サッカー選手であり、「結局は『ジャンプ』特有の血統主義だ」と言われてしまう可能性も残る（注7も参照）。

（3）勉学優先の厳しい母親の下でスポーツに打ち込むことが許されなかった少年の姿は「キャプテン翼」の番外編にも見られる。「ボクは岬太郎」（『月刊フレッシュジャンプ』一九八四年読切掲載）に登場するミツルは、サッカーよりも塾を重視する母親の指導によって、満足にサッカーをすることができない。しかし、サッカー好きなミツルの思いを汲み取った岬の説得によりミツルは試合に出場し、岬のアシストによって、母親が見ている前で顔面シュートを決める。ただ、ここにはミツルがゴールを決めるまでの努力は描かれてはいない。こうしたモチーフは、この時代ではまだ、一話で完結する短い物語にしかなりえなかったのだろう。

（4）川田による相撲マンガ「火ノ丸相撲」（二〇一四年－二〇一九年連載）の三ツ橋《みつはし》蛍《けい》も雪光や山口と似た立場にあるといえる。主人公潮《うしお》火ノ丸《ひのまる》が小兵ながらも奇策に走らない真っ向勝負で活躍していたのに憧れ、華奢で気弱な三ツ橋は相撲部に入部する。部員が五人しかいないため三ツ橋も団体戦のメンバーではあるのだが、体格も筋力も経験もない彼は負け続ける。そうした三ツ橋の見せ場は団体戦決勝に訪れる。失格すれすれの挑発を重ねたうえでの猫騙しと八艘飛びで、対戦相手の背後をとったのである。結局は同体（両者が同時に倒れる）判定となり、取り直しではあっけなく敗れてしまうが、勝利にかける執念が味方を大いに鼓舞した。なお、二〇〇〇年代以降のスポーツマンガすべてに山口や雪光のようなキャラクターが登場するわけではない。藤巻忠俊の「黒子のバスケ」（二〇〇九年－二〇一四年）にはそうしたキャラクターは登場しない。劇中で活躍するのは平均以上の能力を持った選手である。しかし、持てる者と持たざる者の対比は作品全体のテーマになっている。同作は「キセキの世代」と呼ばれる超人的な天才プレイヤーを中心に物語が進むが、そうした才能を持たない選手たちが、チームメイトとの協力や特訓、機転によっていかにしてチームとして天才に食らいつくかも、作品の一つの見せ場となっている。主人公黒子《くろこ》テツヤが（彼自身も特異な能力を持っているのだが）自らを「脇役」と称し、他の選手の良さを生かす役回りで活躍するのも、輝く王道主人公だけを描くわけにはいかなくなった二〇〇〇年代のスポーツマンガを象徴しているように思われる。

（5）なお、連載の作中最終日から一〇日後を描いた作品（井上 2009）には、「俺たちだってチャンスがないワケじゃない」と、早朝五時から練習に励む石井たちの姿が描かれている。これが二〇〇〇年代に入って描かれたことにも注目したい。

（6）大きな物語の衰退自体はフランスの哲学者ジャン＝フランソワ・リオタールの論である。リオタール（1986）によれば、普遍的な歴史を語り近代社会をまとめ上げようとした「大きな物語」が疑問視されるようになり、従来は語られなかった複数の「小さな物語」が異質性を担保しながら語られるようになってきたのが、ポストモダンの状況である。ポップカルチャーの状況をもとに日本社会のポストモダン状況を分析した著作としては、東（2001）などがある。

（7）「キャプテン翼」で当初描かれたのは中学生時代までだが、「キャプテン翼――ワールドユース編」（一九九四年－一九九七年連載）など、続編が多数発表され、主人公たちがプロになってからの話も長く描かれている。

（8）『週刊少年ジャンプ』の主人公に努力はつきものだが、その努力が実る背景にはしばしば特別な血統や家系がある。例えば、「ONE PIECE」の主人公モンキー・D・ルフィは世界的革命家の息子であり海軍幹部の孫である。「NARUTO」の主人公うずまきナルトは里長を務めた亡き四代目火影の息子である。「鬼滅の刃」の竈門炭治郎《かまどたんじろう》は伝説の剣豪継国縁壱《つぎくによりいち》の剣術を神楽の舞として受け継ぐ一家に生まれている。こうした事実が物語がある程度進んでから明らかになるため、強さの秘訣は努力でなく血統だったのかと、読者から落胆の声が上がることがある。そうした物語に落胆の声が聞かれるのも、現代的な特徴かもしれない。

（9）この台詞は、語尾は違うが作中二回登場している（第六九話、第二四一話）。

（10）あだち充の「タッチ」（一九八一年－一九八六年『週刊少年サンデー』掲載）は開いていく形のスポーツマンガの先駆けとなったが、スポーツの世界とそれを取り巻く現実との関わりをどう描くかはスポーツマンガの一つの課題となっていると宮本は言う（宮本ほか 2018）。

（11）トーナメントシステムを否定しているという点では、「SLAM DUNK」も同様である。その点でも「SLAM DUNK」は画期的作品だった。ただ、「SLAM DUNK」では主人公が怪我を負ってもその試合は出場し続けて勝利し、「ハイキュー!!」では発熱した主人公が退場しその試合に敗北する。その試合に負けたということが、世界を開いていくという点でも「ハイキュー!!」の重要な点だったと言える。

(12) 二〇〇〇年代に連載された「キャプテン翼」の続編には、競技そのものとは別の場所で主人公を支える人物の姿が見られる。大《おお》川学《かわまなぶ》は翼と同じ南葛小学校出身だが、試合出場の描写は作中最初の試合である修哲小学校との対戦にしかない。彼は南葛ＳＣの選抜テストには合格せず、中学校時代も出場の機会がない。競技者としては凡人である。しかし、「キャプテン翼―― Road to 2002」（『週刊ヤングジャンプ』二〇〇一‐二〇〇四年連載）で学は帝都体育大学に進学し、翼の専属トレーナーとなった大学教授の助手となっており、選手とは異なる立場でサッカーに関わり、翼を支えている（第六話）。ただし、「ハイキュー!!」の田中や谷地のように、主人公のピンチを助ける形で焦点が当てられたわけではなく、一話の一部分での描写に限られている。

(13) 及川は優秀なセッターであったが、影山ほどの才能がないことを高校時代既に自覚し苦悩していた。最終的にアルゼンチン代表選手にまでなった及川を「凡人」と表現することは難しいが、及川の物語もまた、才能との向き合い方の一つを示している。

文献

東浩紀『動物化するポストモダン――オタクから見た日本社会』講談社、二〇〇一年。

池田浩士『教養小説の崩壊』現代書館、一九七九年。

井上雄彦『SLAM DUNK 10DAYS AFTER complete』フラワー、二〇〇九年。

宇野常寛『ゼロ年代の想像力』早川書房、二〇一一年。

宇野常寛・泉信行・南信長・伊藤剛「第10回大会シンポジウム ゼロ年代のマンガ状況――次の10年に向けて 第2部マンガのゼロ年代、その『想像力』をめぐる冒険」『マンガ研究』第一七号、二〇一一年、一七九‐二二五頁。

大岩佐和子「ヒットの裏側――「ラノベ」、30～40代男性に人気、「リセット願望」市場開く」『日経ＭＪ』二〇一八年六月一〇日、二頁。

大川清丈『がんばること／がんばらないことの社会学――努力主義のゆくえ』ハーベスト社、二〇一六年。

大塚英志「教養小説のない時代を子供たちが生きていることについて」『小説tripper』、二〇〇五年春季号、二九九‐三〇九頁。

苅谷剛彦『階層化日本と教育危機――不平等再生産から意欲格差社会へ』有信堂、二〇〇一年。

サンデル、マイケル『実力も運のうち――能力主義は正義か？』鬼澤忍訳、早川書房、二〇二一年。

高津祐典「ラノベに詰まった男子の願望」『朝日新聞』二〇一八年三月三日朝刊、三一頁。

高橋陽一・岩本義弘「『石崎の存在は『キャプテン翼』の裏テーマ』作者・高橋陽一が漫画を通じて描きたい想いとは？」REAL-SPORTS、二〇二一年二月一六日、https://real-sports.jp/page/ad/491442576230974505（二〇二二年三月二六日最終閲覧）。

竹内章郎「「機会の平等」とは何か――そのイデオロギーと現実」後藤道夫・吉崎祥司・竹内章郎・中西新太郎・渡辺憲正『格差社会とたたかう――〈努力・チャンス・自立〉論批判』青木書店、二〇〇七年、一一三‐一七六頁。

谷本奈穂「『スラムダンク』の「魅力」――読者解釈と構造分析」高井昌吏・谷本奈穂編『メディア文化を社会学する――歴史・ジェンダー・ナショナリティ』世界思想社、二〇〇九年、二六六‐二九二頁。

常見陽平「スポーツとブラック企業――第5回　スポーツ漫画というトンデモ作品」『POSSE』第四二号、二〇一九年、一五〇‐一五五頁。

永峰好美・平山徹・高橋直彦「自分探し心探し（8）リセット感覚　幻想求め現実逃避」『読売新聞』一九九七年四月一二日、一九頁。

フロム、エーリッヒ『自由からの逃走』日高六郎訳、東京創元社、一九五一年。

本田由紀『多元化する「能力」と日本社会――ハイパー・メリトクラシー化のなかで』NTT出版、二〇〇五年。

――『教育は何を評価してきたのか』岩波書店、二〇二〇年。

宮本大人・石田敦子・大武ユキ・夏目房之介「第17回大会シンポジウム　マンガとスポーツ　第1部「球技編」」『マンガ研究』第二四号、二〇一八年、一七八‐二二七頁。

山田昌弘『希望格差社会――「負け組」の絶望感が日本を引き裂く』ちくま文庫、二〇〇七年。

吉崎祥司「「努力すれば報われる」とは何か」後藤道夫・吉崎祥司・竹内章郎・中西新太郎・渡辺憲正『格差社会とたたかう――〈努力・チャンス・自立〉論批判』青木書店、二〇〇七年、六七‐一二二頁。

リオタール、ジャン＝フランソワ『ポスト・モダンの条件――知・社会・言語ゲーム』小林康夫訳、書肆風の薔薇、一九八六年。

第3章 「宿命」に抗する現代的手法
——『ジョジョの奇妙な冒険』第七部・第八部における「回転」・「球体」表現の比較を通して——

小山 裕樹

はじめに

本章では、著名なマンガ家である荒木《あらき》飛呂彦《ひろひこ》の代表作『ジョジョの奇妙な冒険』（以下『ジョジョ』と略記）に焦点を当て、そこに表われている「人間」観、特に登場人物たちが自らの「宿命」に向き合う際の態度に注目しながら、この作品の思想上の含意について検討を加えてみたい。荒木飛呂彦は、一九八〇年に『武装ポーカー』でデビューして以来、常に第一線で活躍し続けている日本人のマンガ家である。代表作は、上述の『ジョジョ』であり、一九八七年の『週刊少年ジャンプ』一・二合併号での作品開始以来、主人公や舞台や発表媒体を変えながら長きに渡って連載され続け、本章執筆中の二〇二二年に、連載三五周年を迎えた。また、彼は、マンガ家としての評価もさることながら、画家・芸術家としての評価も高く、日本国内（二〇一二年仙台・東京、二〇一七年仙台、二〇一八年東京、二〇一八～二〇一九年大阪、二〇二〇年長崎・金沢、二〇二二年金沢）のみならず、海外（二〇〇三年パリ、二〇一三年フィレンツェ）でも、たびたび原画展が開かれている。さらに、ルーヴル美術館の企画展「小さなデッサン展——漫画の世界でルーヴルを」（二〇〇九年パリ）に日本人のマンガ家としてただ一人参加したり、ファッションブランドの

GUCCI《グッチ》とコラボしたりと、活躍の場をますます広げている。本章では、多方面にわたる彼の活躍のうち代表作の『ジョジョ』に注目し、そのなかでも特にシリーズの第七部「スティール・ボール・ラン」（二〇〇四年〜二〇一一年連載）と第八部「ジョジョリオン」（二〇一一年〜二〇二一年連載）に考察の焦点を絞る。この第七部と第八部には「回転」・「球体」といった表現が物語の鍵として登場するが、これらのシンボル表現が持つ含意に着目し、かつ第七部と第八部に見られるこれらの表現の微妙な変化を考慮すると、3・11東日本大震災の経験を経た後の荒木の「宿命」観の微妙な変化も読み取れるであろう。最後に、こうした荒木の「宿命」観と、現代社会に蔓延している別種の新たな「宿命」観とを対比させながら、『ジョジョ』が持つ思想上の含意を引き出してみたい。

1　『ジョジョの奇妙な冒険』はどのように論じられてきたか

『ジョジョ』という作品に関しては、マンガ批評、芸術、学問など、実に幅広い分野から言及がなされている。マンガ批評の分野では、まず『ジョジョ』のマンガ史上の功績として、マンガにおける超能力表現の革新が指摘されている。『ジョジョ』では、シリーズの第三部より「生命エネルギーが作り出すパワーある像」（第3部13巻：38）として「幽波紋《スタンド》」（以下「スタンド」と表記）という超能力表現が用いられ始める（図3－1）。これは、荒木自身も語っているように、超能力表現にマンガ的な「裏づけというか説得力」（荒木 1993：166）を与えたものであるが、大友克洋の作品『童夢』に見られるような「透明」な超能力表現に対する「カウンター」として、超能力を「見えるように」描いたものだと評価されている（伊藤・泉 2012：49）。「スタンド」には、少年マンガ史上、他にも重要な点がある。批評家の宇野常寛は、鳥山明の作品『ドラゴンボール』の「戦闘力」に代表される数量化して計測され、

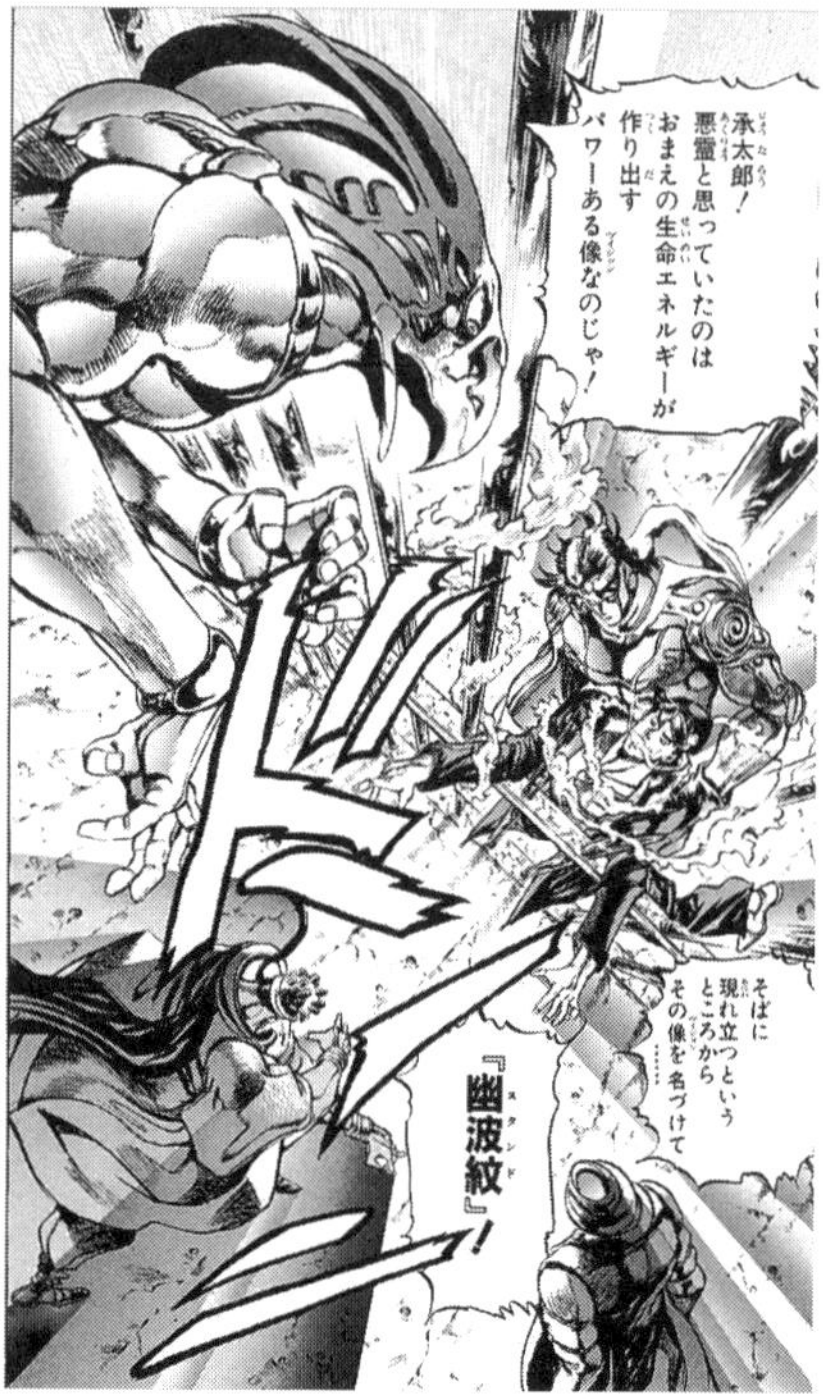

図３－１　「幽波紋《スタンド》」の発現

出所）荒木飛呂彦『ジョジョの奇妙な冒険』第３部13巻38頁，1989年，集英社.

その結果インフレを起こすような能力表現に対するオルタナティヴとして「スタンド」を捉える。「スタンド」には、使い手ごとにさまざまな能力があり、それぞれの能力には長所もあれば短所もあって、たとえ強力な能力でも、その短所を突けば誰でも勝つことができる。つまり、「弱いやつでも怖くなりうるんだという哲学」（荒木・斎藤・金田 2007：31）がそこにはあると、荒木自身も述べる。したがって『ジョジョ』の登場人物たちは、「自分と同等の、しかも無数に存在する弱者（プレイヤー）の隙を突き、自らの「一芸」を信じて生き残るために過酷なサバイバル・ゲームを戦う」ことになり、こうしたあり方は「大きな物語の凋落から、小さな物語の乱立へ――ポストモダン状況の進行とほぼ完全に符合する」とも分析される（宇野 2011：123）。

芸術、学問の分野では、例えば二〇〇七年には雑誌『ユリイカ』上で、二〇一二年には雑誌『美術手帖』上で、荒木飛呂彦に関する特集が組まれ、多方面から分析が加えられている。そこでは、マニエリスムやアフリカ的シャーマニズム、モダン・ホラー、フランス語圏の「マンガ」にあたるバンド・デシネ、ジェンダーなどの観点から荒木作品が検討されたり、各部の物語の背景となる一九世紀末のイギリスやアメリカの歴史的状況を踏まえた分析が展開されたりと、どの論考も興味深い[1]。本章では、紙幅の都合上それらの論考の内容に詳しく立ち入る余裕がないので、以下では、本章のテーマと特に関連が深い『ジョジョ』における「超越性」や「神」や「宿命」――そしてこれらと対峙する人間へと向けられた惜しみない賛辞（＝「人間讃歌」）という主題を扱った先行研究に焦点を絞る。

作者の荒木自身が、『ジョジョ』のテーマは「人間讃歌」だと述べている。そして、この「人間讃歌」というテーマは「イタリア・ルネサンス」に通ずるものとされている。荒木は、繰り返しイタリアへ取材旅行に行っており、そこで見たミケランジェロを始めとしたイタリア・ルネサンス美術の影響を受けて『ジョジョ』を描いたと語っている。こうした荒木本人の発言は、作品を理解するうえで貴重である。にもかかわらず、サブカルチャーにも造詣が深く荒木とも交流のある精神科医の斎藤環も述べているように、ミケランジェロやイタリア・ルネサンスおよびその周辺の芸術・思想との関連で荒木作品を深く掘り下げた考察は、実のところそれほど多くない（斎藤2012：78）。代表的なものについて、若干の整理を試みよう。

ミケランジェロは、イタリア・ルネサンスを代表する芸術家であるが、ルネサンス期に活躍した彼の晩年の作品は、むしろ「マニエリスム」とも、あるいは後の「バロック」の先駆けとも評されることがある。ミケランジェロのこうした美術史上の位置づけをまずは念頭に置いておく。そのうえで、映画評論家の加藤幹郎は、『ジョジョ』を、「マニエリスム」を継承する作品だと解釈している（加藤2014）。すなわち、いわゆる「ジョジョ立ち」と呼ばれる曲がりくねった身体表現や、通称「荒木割り」と呼ばれる傾斜したコマ割り、単純な善悪二元論に回収されない人間理解など、どれもが「マニエリスム」的特徴を有しているとする。

他方、『ジョジョ』を、むしろ「バロック」と関連づける論者もいる。こちらもマンガ文化に造詣が深いフランス文学者の中条省平は、次のように述べている。「その荒唐無稽をマンガ的リアリティに高めているのは、荒木飛呂彦のバロック的作画力である。〔中略〕日本マンガにおいてほかに比肩するものがないのは、極端に誇張されたバロック的な空間表現である。これは荒木の本質である〈超越性〉が空間表現にも適用された偉大な成果だと思う」（中条 2010：129）。また、ここで指摘されている「超越性」と『ジョジョ』のテーマである「人間讃歌」との関連について、次のようにも指摘する。「人間は空間的・時間的限界につきまとわれています。荒木飛呂彦の『ジョジョの奇妙な冒険』の根本主題をひと言でいうなら、こうした人間の限界をあらゆる手段をもちいて超えようと試みることです。荒木氏はことあるごとに、『ジョジョ』のテーマは「人間讃歌」であると説明していますが、『ジョジョ』の登場人物たちは、人間の根源的条件である空間的・時間的限界を超越しようと試みることで、逆説的に「人間とは何か」という問いに答えようとしているのです。『ジョジョの奇妙な冒険』とは、〈超越〉をめぐる長く多面的な遍歴譚です」（中条 2012：183）。「超越（性）」に注目する中条の解釈は、重要である。

「マニエリスム」、「バロック」と続いたが、精神科医の斎藤環も同じくミケランジェロとの関わりを意識しながら、別の解釈を展開する。すなわち、ミケランジェロらルネサンス期の芸術家が影響を受けた「ネオプラトニズム」[2]と関連づけて、『ジョジョ』を解釈しようとする。斎藤によれば、『ジョジョ』に登場する「スタンド」は、「荒木流ネオプラトニズムにおける「小さな神々」」を意味している。そこには「もはや遡行して到達すべき「一者」は存在しない」けれども、「どこまでも「個」に立脚した「人間讃歌」」が示されている（斎藤 2012：83）。筆者自身も、「スタンド」を「小さな神々」と見るこの斎藤の解釈を引き継ぎつつ、「小さな神々」と「唯一の絶対神」との間の抗争史という見立てで『ジョジョ』の各部を分析したことがある（小山 2020）。

加えて、イタリア・ルネッサンスとの関連については言及していないが、ニーチェやキルケゴールやアガンベンなど比較的現代の思想家たちの思想を参照しながら『ジョジョ』における「宿命」のテーマを考察した批評家の杉田俊介による論考（杉田 2017）や、ネーゲルの思想を踏まえて『ジョジョ』第五部のエピローグにおける「宿命」

観を解釈した山口尚の論考（山口 2012）など、興味深い仕事もある。

本章では、これらの先行研究にも学びつつ、分析対象を『ジョジョ』第七部・第八部における「回転」・「球体」というシンボル表現（の変化）に限定し、そこから垣間見える現代のマンガ家・荒木の「宿命」観（の変化）と、現代社会に蔓延している別種の「宿命」観との対比をもとに、『ジョジョ』が持つ思想上の含意を引き出すことを目指す。

2　テーマとしての「人間讃歌」とルネサンス思想、そして「宿命」観

『ジョジョ』の「テーマ」である「人間讃歌」について、作者である荒木は次のように語っている。

『ジョジョ』の「テーマ」が何かと言えば、「人間讃歌」ということになります。「人間讃歌」とはつまり、「人間は素晴らしい」という前向きな肯定です。何かの困難に遭ったとき、それを解決し、道を切り拓いていくのは人間の自らの力によるのであって、そこで急に神様が来て助けてくれたり〔中略〕というような都合のいい偶然は、『ジョジョ』ではけっして起こりません。（荒木 2015：220-221）

「人間讃歌」すなわち「「人間は素晴らしい」という前向きな肯定」を語る際に、「神様」への依拠と対比させている点が興味深い。荒木は、高校時代プロテスタント系の学校に通い、聖歌隊にも属していたという（荒木 2013：2）。こうした環境で育ったため、自らの作品に「聖書の話とかの影響というのはあります」（荒木 2000：36）と回顧している。とはいえ、彼の神への向き合い方は比較的自由なようで、下記の通り、少なくとも自らの作品のなかで「神

様が絶対ということはありません」と語っている。そして、こうした神の絶対性を相対化する際に「ルネサンスの思想」を参照しており、この思想が「人間讃歌」に通じているのである。

『ジョジョ』の世界では、神様が絶対ということはありません。これはルネッサ《ママ》ンスの思想ですが、人間が神様に支配されているのではなくて、人間が幸せになるために神様がいる。〔中略〕あくまでも人間が主人公〔中略〕。〔中略〕「人間讃歌」が、やはり『ジョジョ』の根底にある考え方なのです。そのことは新しい部を描くごとに、肝に銘じています。（荒木 2012：202–203）

ところで、「ルネサンスの思想」は一般に、荒木が指摘するような「人間が主人公」のヒューマニズム思想であると同時に、古代ギリシアのオリュンポスの神々など、キリスト教以外の多数の「異教」の神々を「再生」させるものでもあった。ルネサンス思想史の研究者である伊藤博明は、次のようにまとめている。

異教思想とキリスト教神学のシンクレティズム（諸説混淆）〔中略〕。まさにこの点に、イタリア・ルネサンスの文化と思想を特徴づける、一つの、しかも重大な側面を見いだせるだろう。〈神々は再生した〉。〔中略〕そして、キリスト教の〈唯一の神〉と異教の〈神々〉との対話、闘争、講和が、イタリア・ルネサンスの文化と思想を根底で条件づけているのである。（伊藤 2012：21）

ここで指摘されているルネサンスに特徴的な「異教の神々の再生」は、斎藤環が『ジョジョ』について指摘した「小さな神々」としての「スタンド」という解釈と符合する。すなわち、『ジョジョ』でも、〈キリスト教的な唯一の絶対神〉と〈人間たち＝「スタンド」使いたち＝異教的な小さな神々〉との「対話・闘争・講和」が一貫して表現されているのである。例えば、第一部・第三部の敵役であるディオ（DIO＝イタリア語で「神」を意味する）は、「人間をやめる」ことで〈唯一神〉に接近し、第二部の敵役であるカーズは、進化の最終段階としての「究極生物」になろうとする。第六部の敵役であるプッチも、ディオから聞いた「天国へ行く方法」を遂行しようと目論む。彼らみな〈唯一神〉的な力を手にしようとし、自らの目的のためには他の人間を犠牲にすることを厭わない。これに抗おうとするのが〈小さな神々〉としての〈人間たち＝「スタンド」使いたち〉となる。

3 第七部・第八部の「回転」・「球体」表現の比較に見る「宿命」観の変化

（1）「回転」・「球体」というシンボル表現

前節の通り、『ジョジョ』を〈唯一神〉と〈小さな神々〉との抗争という観点から見たうえで、本節では、そのマンガ上の表現、なかでもマンガにおいて非常に重要な位置を占める図像上の表現に注目してみたい。図像解釈学的に見て、西洋には、長きにわたり「神」を「円」や「球体」といったシンボルによって表現してきた伝統がある。宗教美術・文学研究者のフィエは、次のようにまとめている。

> 円〔中略〕一本の線で描くことができる完全なる幾何学図形である円は、始まりも終わりもない。また円は計ることができない（円周を正確に計測することは不可能であり、πという数は小数点以下無限に続く）。これらの属性から、円は神のシンボルとされ、計測可能で四つの角によって規定される正方形がこの世の現実を表わすのと対照的である。（フィエ 2006：30）
>
> 球〔中略〕①始まりも終わりもなく、通約不能の完全なる立体である球は、円と同じ象徴的価値を持ち、神性

の形象となる。(フィエ 2006：54)

一般に、「神」は、私たち人間を「超越」した存在であり、それゆえ私たち人間の視覚等では捉え切れない存在である。こうした「神」の存在を、その「超越」性を損なわずに、図像や絵画のなかに視覚的にどのように表現しうるか。この難題を解決してきたのが、一方で私たち人間が視覚的にも捉えることができ、他方で私たち人間の視覚を超えた「神」の「超越」性もイメージさせうるような、シンボル表現だったのである。

加えて、興味深いことに、こうした「円」や「球体」のシンボルは、近代の機械的世界観が支配する以前、まさに前節で論じたルネサンス期の詩人たちの世界認識の基底をなすものでもあったという。ラヴジョイに師事した観念史学派の中心人物のひとりで英文学者のニコルソンは、次のように述べる。

ルネサンス期の詩人の宇宙は、最も多くの場合、円という形にもとづいて解釈されていた。惑星の完全な円軌道や丸い地球、そして人間の頭の形の円形である。このことは彼らにとって単なる類比ではなく真実なのであった。神は宇宙の万物、この地球、そして人間の体を、それらの粗雑な性質が許すかぎりにおいて、神自身のシンボルすなわち完全な円に近い形に造ったのである。(ニコルソン 1999：8)

こうした図像的・シンボリズム的な伝統を踏まえつつ、〈唯一神〉と〈小さな神々〉の抗争史として『ジョジョ』を読むと、そこにもなるほど「円」や「球体」、それらを作り出す無限の「回転」といったモチーフが頻繁に登場していると気づく。『ジョジョ』においてもやはり「円」や「球体」や「回転」は、有限な「人間」が無限の「神」へと接近しようとすることを示すシンボリックな表現なのである。本章では、それらの表現が特に物語進行上も重要な位置づけにあると思われる第七部「スティール・ボール・ラン」と第八部「ジョジョリオン」における「回転」・「球体」表現を取り上げる。この第七部と第八部の「回転」・「球体」表現を比較すると、両者の間には微妙な差異がある。そして、この差異は、「人間」である主人公たちが「神」や「神」の課す「宿命」へ向き合う際の態度の差異にもつながっていると考えられる。第七部から第八部に至るこの変化は、3・11東日本大震災の経験を経た現代的作家・荒木飛呂彦の「宿命」観・「人間」観の変化とも符合すると思われる。

(2) 第七部「スティール・ボール・ラン」における「回転」・「球体」

物語の舞台は、一九世紀末のアメリカ。全長六千キロにも及ぶ北アメリカ大陸横断レース「スティール・ボール・ラン」に参加する人間たちの雄姿を描く。主人公は二人おり、ジョニィ・ジョースターとジャイロ・ツェペリである。彼らは、それぞれの個人的な理由からこのレースに参加することを決めるが、このレースの開催の裏に秘密の陰謀があることを次第に知ることになる。その陰謀とは、第七部の敵役であるファニー・ヴァレンタイン大統領によるものであり、レースにかこつけてレース・コースに点在しているとされる（恐らくはイエス・キリストの）「聖なる遺体」を集めさせ、その「超越」的な力を我が物とすることで、自らがアメリカを豊かな「千年王国」「永遠の王国」に変えるという陰謀である。ここにもやはり「神」や「超越」という『ジョジョ』の主題が現われている。大統領は「安定した平和」とは「絶対的優位に立つ者が治める事で成り立つ」と考える。彼はこの考えを、自らの「私利私欲」からではなく、純粋な善意から、彼の言葉で言えば「愛国心」から実行に移す。しかし、彼は、この目的を達成するために手段を選ばず、この目的達成のためならば、たとえ他人が不幸になっても構わないという独善的な考えを持っている。

他方、ヴァレンタイン大統領と比べ、主人公である二人のレース参加の理由は、非常に個人的なものである。ジャイロ・ツェペリは、ネアポリス王国の伝統ある死刑執行人の一族に生まれたが、無実の少年マルコに対する処刑の決定にどうしても「納得」がいかず、レース優勝を祝った国王の恩赦を当てにして、レース参加を決意した。ジャイロは「オレは「納得」したいだけだ」（第7部8巻：92）と述べ、自らが「人間」として「納得」して前へ進みたいとだけ考えている。

もう一人の主人公であるジョニィ・ジョースターの動機も個人的なものだ。彼は、もともとは優秀な騎手だったが、自身の傲慢な性格が災いして他者とトラブルを起こし、銃撃され、下半身不随になる。その後失意の生活を送っていたが、あるとき「スティール・ボール・ラン・レース」の開催を知り見物に来ていたところ、そこで遭遇したジャイロの使う謎の「鉄球」の影響で、動かなかった自分の足が動いたことに驚き、その「鉄球」の謎を解明するため、急遽レースへの参加を決める。『回転』………全ての希望は………『回転』の動きの中にある！もっと知りたい／もっと『鉄球』を……」（第7部1巻：152-153）。このように、大統領と比べると個人的かつ「人間」的な理由からレース参加を決意した二人であったが、レースの裏にある陰謀に巻き込まれるなかで大統領と対決することになる。

さて、第七部の大詰め、大統領との対決において鍵を握るのが「鉄球」の「回転」である（図3-2）。この「鉄球」は正確には「スタンド」ではなく「スタンドという才能に近づこうとする「技術」」だと語られるが（第7部10巻：181）、いずれにせよ、ここでの「鉄球」は、小さな「人間」が「無限」や「神」へと接近しようとすることの一種のシンボリックな表現だと解釈できる。事実、ジャイロ・ツェペリは次のように述べている（図3-3）。

「鉄球」の秘密とは「無限」への追求だ…／それがオレの一族ツェペリ家の目指したもの…／「無限」という概念をオレの先祖は「鉄球」という技術に応用しようとしたんだ（第7部11巻：10-11）

また別の箇所では、「「無限」の領域」は「「神」の領域」を意味するとも言われている（第7部12巻：143-144）。ジャイ

図３－２　ジャイロの「回転」する「鉄球」

出所）　荒木飛呂彦『ジョジョの奇妙な冒険』第７部２巻27頁，2004年，集英社.

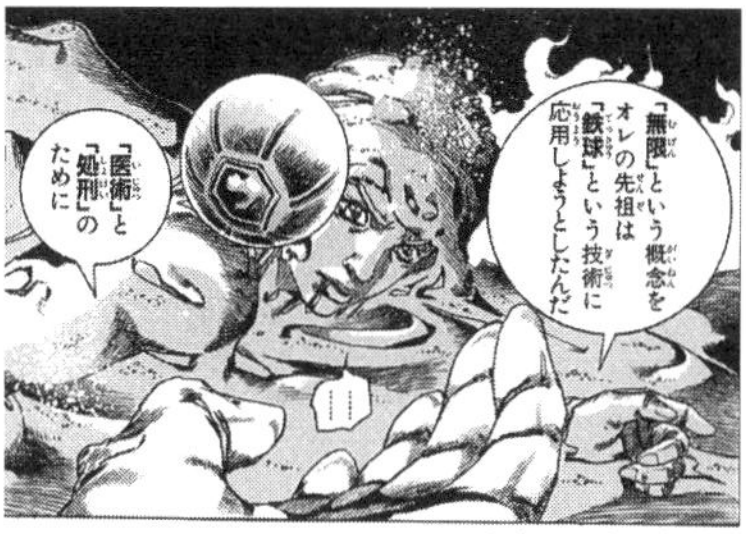

図３－３　「無限」への追求

出所）　荒木飛呂彦『ジョジョの奇妙な冒険』第７部11巻11頁，2007年，集英社.

図３－４　ジョニィの「回転」する「爪弾」

出所）　荒木飛呂彦『ジョジョの奇妙な冒険』第７部11巻68-69頁，2007年，集英社.

ロは、この「鉄球」の「回転」を「無限」へと近づけて「「神」の領域」に接近することで、ヴァレンタイン大統領に打ち勝とうとする。他方、相棒のジョニィも、物語の中盤で「聖なる遺体」の一部（左腕）を自らの身体に取り込むことで発現した、自身の爪を「回転」させて発射する「スタンド」（＝「爪弾」「タスク」）の「回転」を「無限」へと近づけて「「神」の領域」に接近することで、ヴァレンタイン大統領に対抗する（図3－4）。

対するヴァレンタイン大統領は、結局自らの思惑通りに「聖なる遺体」を全て手中にする。「聖なる遺体」を全て手中にしたことで進化した彼のスタンド「D4C: Dirty Deeds Done Dirt Cheap」は、「神」さながらに、次元の間（パラレルワールドの間）を自由に行き来できる能力を持つ。そして、たとえもとの次元の自分が致命傷を負っても、別の次元（パラレルワールド）の自分と入れ替わることができるため、事実上不死となる。従ってこの大統領を倒すためには、次元の間を自在に移動する大統領に迫り、次元の壁を超えて攻撃する必要がある。「聖なる遺体」を手にして「神」的な領域に達し、次元の間を自在に行き来できる能力を得た大統領に対抗するには、小さな「人間」であるジャイロやジョニィもまた「神」的な領域に「無限」に接近して攻撃しなければならない。そしてこのとき、「神」的な領域に「無限」に接近する事態をマンガ内でシンボリックに描写する表現が、「鉄球」の「無限」の「回転」（ジャイロ）や、「爪弾」の「無限」の「回転」（ジョニィ）なのである。[3]

以上のように、第七部においても最終的に[4]『ジョジョ』のモチーフである〈唯一神〉に対抗する〈小さな神々＝人間たち〉が保持されている。ジャイロもジョニィも、「神」的な領域にいるヴァレンタインに対応するため、自らの「鉄球」ないし「爪弾」を「無限」に「回転」させ「神」的な領域に近づこうとした。ここに表現されるのは、〈唯一神〉にすら毅然として対抗しようとする強い人間の主体である。

このように、『ジョジョ』シリーズでは当初より、〈唯一神〉に対抗し、〈唯一神〉が課す「宿命」に抗いうる強い人間の主体として、各部の主人公たちが描かれる傾向にあった。だが、シリーズを重ねるうちに、主人公たちの

「宿命」への向き合い方にも微妙な変化が生じてきたように思われる。(5) 作者の荒木は、かつて『ジョジョ』シリーズに通底するテーマについて、以下のように語っていた。

『ジョジョ』には「運命を乗り越える」っていうテーマもあります。〔中略〕「人間の生き方というのは何かを乗り越えていくんだな」という結論になるんですよ。（荒木 2013：157）

しかし、これとは対比的に、『ジョジョ』の現時点での最新作にあたる第八部「ジョジョリオン」が完結する際、コミック（二〇二一年九月二二日第一刷発行の二七巻）の扉にある作者コメントでは、次のように語っている。

『厄災』という敵は最強で最恐だと思った。〔中略〕厄災を「乗り越える」とか考える事、それ自体がいけない事なのかもしれない。（第8部27巻：作者コメント）

『ジョジョ』の最新作「ジョジョリオン」は、3・11以後の世界を念頭に、荒木自身の故郷の仙台市がモデルとなったS市杜王町《もりおうちょう》が舞台の作品である。前者の発言の通り、『ジョジョ』のテーマは一貫して「運命を乗り越える」ことであった。しかしながら、後者の発言から伺えるのは、仙台市を含め東北地方を襲った未曽有の災害（厄災）である3・11以後は、「運命を乗り越える」という言葉を私たちは軽々に口にすることができなくなってしまったのではないかという荒木の世界認識の微妙な変化である。こうした変化を踏まえたうえで最新作「ジョジョリオン」を読むと、最新作に登場する「回転」・「球体」表現のうちにも、微妙な変化が生じていると分かる。

（3）第八部「ジョジョリオン」における「回転」・「球体」

「ジョジョリオン」の作中の世界でも、3・11の大震災によって杜王町やそこに生きる人々は大きく傷ついているが、作中ではこれに加えて、地震当日の深夜に起きたもうひとつの不可思議な変化として、町のなかに突如として「壁の目」と呼ばれる隆起物が出現したとされている。この「壁の目」の付近で、ある日、大学生の広瀬《ひろせ》康穂《やすほ》は、土に埋まった身元不明の青年を発見する。この青年は記憶を失っており、自分が何者なのかも分からない。そこで、この青年（身元保証人として東方家に引き取られたことにより、ひとまず東方定助《ひがしかたじょうすけ》と名乗ることになる）は、康穂の力を借り、自分が何者なのかを探す冒険に出る。

　ちなみに、東方定助も「スタンド」使いである。彼のスタンド「Soft《ソフト》 & Wet《ウェット》」は、自身の身体から星のマークの付いたシャボン玉（球体）を発射し、そのシャボン玉が対象に触れて割れたとき、その対象から何かを奪う能力を持つ。この能力を駆使して敵と交戦しながら冒険を進めるうちに、定助は、自身の正体が大学生の空条仗《くうじょうじょ》世《せ》文《ふみ》と船医の吉良吉影《きらよしかげ》とが「壁の目」の影響で融合した姿だと知るに至る。空条仗世文と吉良吉影は、奇病に苦しむ吉良吉影の母を救うため、あらゆる病を治す果物「ロカカカ」を求めていた。その後「ロカカカ」を入手することには成功したものの、それを奪い返そうとした敵の襲撃を受けて吉影が致命傷を負い、その吉影を救うべく仗世文が自らの命を差し出して二人が身体上も「スタンド」能力上も融合した姿こそ、東方定助の正体であった。

　こうして自分が何者なのかを知った後、定助は、第八部の黒幕であり敵役であるＴＧ大学病院の医学生・透龍《とおる》と、「ロカカカ」の成分から作った新薬「LOCACACA6251」により再生医療の世界に新風を巻き起こす同病院の院長・明《あけ》負《ふ》悟《さとる》（実はその正体は透龍のスタンド「ワンダー・オブ・U」）と戦うことになる。「ワンダー・オブ・U」は、透龍（および明負悟）に敵意を持った人間を不慮の事故や不幸（厄災）に巻き込んで死に至らしめるという、他の人間の「宿命」を操る「神」的で恐ろしい能力を持っている。この「ワンダー・オブ・U」に対し、定助は、対象を爆破させるという吉影のスタンド能力も受け継いだ自身のスタンド「Soft & Wet」のシャボン玉で戦う。このシャボン玉は、実は無限大に細い線が超高速で「回転」して「球体」になったものだとされ、第七部に登場した「回転」する「鉄球」や「回転」する「爪弾」と同様に、「人間」が「神」的な領域へと「無限」に接近する事態をシンボリックに描写した表現だと解釈できる。ただし、第七部の表現と異なる重要な点として、「鉄球」や「爪弾」とは違い、このシャボン玉のなかには「見えないヤツ」があり「コントロールも出来ない」ヤツがあるとされる。しかし「だからこそ全てを越える」とも言われ、「厄災の条理も越えて行ける」と説明される。定助の仲間の一人は、この能力を次のように評する。

> 『定助』…おまえの柔らかいしゃぼん玉――「ソフト&ウェット」は吉良吉影の爆発させる能力と融合している／『その中に見えないヤツがある』／（中略）／見えなくて存在していなければ……おそらくコントロールも出来ないのだろう…そこには『爆発的な回転』があるだけだ／だが／だからこそ全てを越える！壁も越えて行ける！今おまえの星のアザのところから出ているぞ／『厄災の条理も越えて行ける』（第8部26巻：107-108）

透龍（および明負悟）との最終戦で発現したこの能力は、新たに「Soft & Wet ―― Go Beyond（越えて行く）」と名付けられた。「Go Beyond」は、定助が指からシャボン玉を撃ち出す際に、その余波として定助の左肩にある「星のアザ」から、見えずに、コントロール不可で発射される（図3-5）。

> それは／オレの左肩から出ているみたいで…オレがコントロール出来るという訳ではないし狙った訳でもない…／だが『見えない回転』があるんだ（第8部26巻：166）

見えないシャボン玉が発射される左肩の「星のアザ」は、実は融合したときに吉良吉影から受け継がれたものである。従って、定助にとって「仲間」とのつながりを予感させるものでもある。加えてこの「Go Beyond」のシャボン玉を透龍（および明負悟）に命中させて倒す際には、広瀬康穂も彼女のスタンド「ペイズリー・パーク」を用い

© 荒木飛呂彦／集英社

図3-5　定助の「回転」する「シャボン玉」にはコントロール不可のものもある

出所）荒木飛呂彦『ジョジョの奇妙な冒険』第8部26巻106-107頁，2021年，集英社.

て協力しており、ここにもやはり「厄災」や「宿命」を乗り越える際の「仲間」とのつながりの意味が強調されているように思われる。

以上のように、第七部の「回転」・「球体」表現では、比較的強い主体としての主人公であるジャイロとジョニーが、自らの意図通りに「神」的な領域に接近し、敵役のヴァレンタインを倒すことができた一方で、第八部の「回転」・「球体」表現では、比較的弱い主体[6]としての主人公である東方定助が、必ずしも自らの意図（コントロール）通りにはいかない（あるいはむしろ意図通りにいかないからこそ意味があるとされる）能力を用い、さらには「仲間」の助けも借りることで初めて「神」的な領域に接近し、敵役の透龍（および明負悟）を倒すという構図になっている。こうした微妙な変化は、3・11東日本大震災を経験した後で、私たちは「宿命を乗り越える」という言葉を軽々に口にすることができなくなってしまったという作者・荒木飛呂彦の「宿命」観・「人間」観の変化と符合すると考えられるのである。

『ジョジョリオン』……──これは──「呪い」を解く物語（第8部27巻：86）

人々に「厄災」をもたらす透龍（および明負悟）を撃退し、物語の最後には「呪い」が解かれたことが示唆される。そして、未来への「希望」の象徴として、東方家の「つるつるに輝くその次世代の長男のほっぺたの皮膚の表面」が例示される（第8部27巻：90）。このように「子ども」を「希望」のシンボルと見る表現も『ジョジョ』にはよく見受けられる。さらに、戦いのなかで犠牲者も出てしまった東方家の「新しい始まり」のため、最後に家族みなで涙ながらにケーキを「選んで」食べるシーンが挿入される。

定助がいい／定助が選んで…（第8部27巻：203）

正式に東方家の一員として迎えられた定助に、未来への「選択」が託される。未来への選択がなされるなかで、東方家は前に進むことができただろうか。読者は、祈りに近い感情を覚えるだろう。

おわりに
──現代社会に蔓延する新たな「宿命」論に抗して?──

本章では、『ジョジョ』の第七部と第八部に登場する「回転」・「球体」表現の描かれ方の比較を通して、一貫して「宿命を乗り越える」ことをテーマとしてきた『ジョジョ』において「宿命」への向き合い方に微妙な変化が生じていることを確認した。3・11東日本大震災という災害（厄災）を経験した現代の私たちにとって、「宿命」はもはや簡単に乗り越えられるようなものとして受け止められず、「宿命」を乗り越えようとしても私たちの意図通りにはいかない（あるいはむしろ意図通りにいかないことにも意味がある）ものとして感受される。加えて、「宿命」を乗り越えるためには「仲間」の助けも不可欠である。ビビッドな感性で現代を描く作家・荒木飛呂彦のこうした描写に人々が共感を覚えるからこそ、『ジョジョ』は評価され続けているのではないだろうか。

教育哲学者の山名淳は、「悲しみ」や「不幸」や「〔通常の教育に付随する――以下引用文中の亀甲括弧内は引用者による補足〕「上達」とは無縁の要素が、災害と厄災の教育に否応なく入り込んでくることがある」とし、災害（厄災）という主題と教育という主題との一般的な意味での近づきがたさを指摘している（山名 2017：iii-iv）。なるほど「災害」や「厄災」、それに見舞われた人の「宿命」などの主題は、いわゆる学校教育の枠内には収まり切らないかもしれない。だがここで、マンガをはじめとしたポップカルチャーが子どもや若者たちの人間形成や教育に無視できない影響力を持っている事実を踏まえたい。本章で扱った『ジョジョ』のようなマンガは、災害（厄災）を経験し、その「宿命」を乗り越えようとする架空の人々の生き様を描くことで、読者としての子どもや若者たちの人間形成や教育を力強く支える環境を作っていく。こうした環境は、災害（厄災）という主題と人間形成や教育という主題との双方を包み込みながら、ときにもしかすると教育に付随する「上達」の意味自体を相対化してそれに変更を加えつつ、両主題を緩やかに繋いでいくメディアにもなりうるのではないか。さらに、本書が実験的に試みた「ポップカルチャーの教育思想」というアプローチ法の可能性の一端も、ここには同時に垣間見えるように思われるのである。

他方、まったく別の観点から、「宿命」に対する感性が現代の若者たちの間で変化しているとする社会学者らの指摘も興味深い。社会学者・土井隆義は、次のように指摘する。

現在三〇代から下の人たちにとって、それ〔宿命〕はむしろ自分の人生の基盤となり、そこに安定感を与えてくれるものと捉えられるようになっている場合が多いように見受けられます。〔中略〕自分が後天的に獲得した地位や能力ではなく、自分に先天的に備わっている属性や能力こそが、自分の人生を規定する最大の要因であり、また自分の人生に安定感と安心感をもたらしてくれると考える人びとが、現在の日本に増えているという事実でもあるように思われます。（土井 2019：3-4）

土井によれば、社会がますます流動化するなかで、自らのアイデンティティを見失った若者たちは、国家や宗教や地元などレヴェルはさまざまだが、何らかの「決定論的な世界」に依拠することで「存在論的不安を減じる」という方策に出ている（土井 2019：80）。また、近年流行った「親ガチャ」という言葉にも「決定論的な人生観の広がり」が指摘できるという（土井 2022：49）。同様の指摘を、社会学者・渋谷望も行っている。

現代においてすすんで「［ネオリベラリズム的な生存競争の］ゲームを降り」、マッタリ生き——そしてマッタリ死ぬ——ことは、どこか楽観的な色調を帯びた宿命論であり、これが日本の「ポストモダン」の基調トーンをなしていたように思える。だがこのオプティミズムがいつまで持ちこたえられるのかはわからない。（渋谷 2001：136）

通常「宿命」と聞くとペシミスティックな響きがするものだが、現代の若者たちの間で蔓延している「宿命」論は、流動的な社会に生きる人々の不安を背景としてむしろオプティミスティックな色彩を帯びるという。だが、渋谷も述べる通り「このオプティミズムがいつまで持ちこたえられるのかはわからない」。であるとすれば、現代で求められるのは、「宿命」に楽観的に安住してしまうのでもなく、かたや「宿命」を乗り越えろという難題をただ押し付けるのでもない、いわば中間点であろう。つまり、「宿命」を乗り越えようとしても意図通りにはいかない（むしろ意図通りにいかないことにも意味がある）と考えること。そして必要に応じて「仲間」に助けを求めること。『ジョジョ』には、この意味でも、現代社会において「宿命」に向き合うためのヒントが隠されているかもしれない。

注

（1）『ユリイカ』（第三九巻第一四号、青土社、二〇〇七年一一月）、『美術手帖』（Vol. 64 No. 975、美術出版社、二〇一二年一一月）。

（2）「ネオプラトニズム」（新プラトン主義）は、三世紀から六世紀にかけてアンモニオス・サッカスあるいはその弟子のプロティノスを始祖として展開したプラトン主義の一種であり、時代を隔ててルネサンス期の思想家たちにも大きな影響を与えた。

（3）最初ジャイロの攻撃は失敗するが、これに対し大統領は次のように言う。「その回転がもし〔不完全な「楕円球」ではなく完全な〕「真球」だったのなら…Ｄ４Ｃの「次元の壁」は…おそらくおまえの「鉄球」に完璧に破壊されていたのだろう」（第7部21巻：169）。

（4）マンガ研究家の泉信行は、『ジョジョ』の第六部までは確かに「人間主体論だった」が、第七部の中盤に登場する敵ウェカピポとの戦いにおける描写を踏まえ、第七部では「「神がどちらを選んだか」という描き方」しかしておらず、「運命がすべてを決めるかもしれない世界でどうやって人間を讃歌するか〔中略〕。荒木先生が３・11以降に見ているのはそんな世界なのかもしれない」と述べる（伊藤・泉 2012：50-51）。なるほど重要な指摘だが、本章では、第七部でも「最終的に」は「人間主体論」が貫徹されたと見たうえで、第八部のうちにより積極的な変化を見出す。

（5）そのきっかけのひとつは、恐らく第五部「黄金の風」である。荒木は、第五部で「生まれて来た事自体が悲しい」主人公たちを設定し、「「運命」とか「宿命」とかが、そんなに簡単に人間の努力とか根性とかで変えられたら、そんなの最初から「運命」なんて言わないと思うし、軽々しすぎる」という考えから、主人公たちが「「運命」や「宿命」を変えようとはせず、彼らのおかれた状況の中で「正しい心」を捨てない事を選」ぶ物語を描いたと、集英社文庫版のあとがきで語っている（荒木 2005：328-329）。

（6）なお、文芸批評家のプーレによれば、ルネサンス後のバロック期の詩人たちは、壮大で永遠な「神的球体」に代わり、微小で儚い「人間的球体」に次第に着目し始め、その文脈のなかで「シャボン玉の主題」を頻繁に取り上げるようになったという（プーレ 1990：76-77）。『ジョジョ』にも、第八部の定助の他に、第二部のシーザーなど「シャボン玉」使いがたびたび登場し、興味深い。

文献

〈荒木飛呂彦による漫画作品・作品解説・インタビュー記録等〉

荒木飛呂彦『ジョジョの奇妙な冒険』集英社、一九八七年〜

※『ジョジョ』の各部から引用する場合は（第1部1巻：1）のように、部数の後にジャンプコミックス版の巻数とページ数を示した。

――「荒木飛呂彦インタビュー」『JoJo6251〔荒木飛呂彦の世界〕』集英社、一九九三年、一六六―一七一頁。

――「Disc. 3 ARAKI HIROHIKO」『JOJOA-GO! GO!』集英社、二〇〇〇年。

――「第5部『黄金の風』あとがき」『ジョジョの奇妙な冒険』第三九巻（集英社文庫版）、集英社、二〇〇五年、三二八―三三一頁。

――「セリフは、ほとんどが〝天然〟で生まれています」『ジョジョの奇妙な名言集Part 4〜8』集英社新書ヴィジュアル版、二〇一二年、一八四―二〇三頁。

――「HISTORY 1979-2013」『JOJOVELLER』集英社、二〇一三年。

――『荒木飛呂彦の漫画術』集英社新書、二〇一五年。

荒木飛呂彦・斎藤環・金田淳子「男たちの奇妙な愛情!?――『ジョジョの奇妙な冒険』の並行世界」『ユリイカ（総特集 荒木飛呂彦）』第三九巻第一四号、二〇〇七年、八―三四頁。

〈その他〉

伊藤剛・泉信行「『ジョジョの奇妙な冒険』はどこへ向かっているのか?-」『美術手帖（特集 荒木飛呂彦）』Vol. 64 No. 975、美術出版社、二〇一二年、四四―五一頁。

伊藤博明『ルネサンスの神秘思想』講談社学術文庫、二〇一二年。

宇野常寛『ゼロ年代の想像力』ハヤカワ文庫、二〇一一年。

小山裕樹「現代における「宿命」との向き合い方――『ジョジョの奇妙な冒険』に描かれる〈唯一神〉と〈小さな神々〉の抗争史」（「ポップカルチャーの教育思想」）『近代教育フォーラム』第二九号、二〇二〇年、一六五―一六六頁。

加藤幹郎『荒木飛呂彦論――マンガ・アート入門』ちくま新書、二〇一四年。

斎藤環「荒木飛呂彦「スタンド」論――ネオプラトニズムの小さな神々」『美術手帖（特集 荒木飛呂彦）』Vol. 64 No. 975、美術出版社、二〇一二年、七六―八三頁。

渋谷望「ポストモダンの宿命論」『現代思想（特集 ポストモダンとは何だったのか――80年代論）』Vol. 29-14、二〇〇一年、一三〇―一三八頁。

杉田俊介『ジョジョ論』作品社、二〇一七年。

土井隆義『「宿命」を生きる若者たち――格差と幸福をつなぐもの』岩波ブックレットNo. 1001、二〇一九年。

――「親ガチャという病――生きづらさのなかで固定化されゆく〝自己像〟」『親ガチャという病』宝島社新書、二〇二二年、七―六〇頁。

中条省平『マンガの教養』幻冬舎新書、二〇一〇年。

――「解説『ジョジョ』の壮大な哲学」『ジョジョの奇妙な名言集 Part 1～3』集英社新書ヴィジュアル版、二〇一二年、一八二―二〇五頁。

ニコルソン、M・H・『円環の破壊――17世紀英詩と〈新科学〉』小黒和子訳、みすず書房、一九九九年。

フイエ、M・『キリスト教シンボル事典』武藤剛史訳、白水社、二〇〇六年。

プーレ、G・『円環の変貌（上）』岡三郎訳、国文社、一九九〇年。

山口尚「宿命論と人生の意味――『ジョジョの奇妙な冒険』第五部エピローグの解釈」『京都大学文学部哲学研究室紀要』第一五号、二〇一二年、一―一二頁。

山名淳「はじめに」山名淳・矢野智司編著『災害と厄災の記憶を伝える――教育学は何ができるのか』勁草書房、二〇一七年、i～iv頁。

第4章 「推しのいる生」の何が新しいのか
——当事者から見た推し文化論——

村松　灯

はじめに

宇佐見りんの『推し、燃ゆ』を読んだのは、同書が第一六四回芥川賞を受賞してしばらくしてからのことだった。その二年ほど前からあるアイドルグループを推し始め、みるみるオタク化していく私を、温かく、ときに面白がって見守ってくれていた友人が、「村松さん、あの本読みました?・」と紹介してくれたのである。「自分にはあそこで描かれている心情はよく分からないけど、村松さんならきっと共感できるんじゃないかと思います。ぜひ読んで、感想を教えてください」とのことだった。

読んでみて、驚いた。確かに共感できた——というより、自分のことが書かれているかのようだったからである。『推し、燃ゆ』の主人公あかりは、日々生きづらさを抱えながら、アイドルを「解釈」することに情熱を傾ける女子高生だ。当然ながら私は女子高生ではないし、本書を何度読み返しても、主人公が推すアイドルには魅力を感じられなかった。それでも、自分のことが書かれているかのように感じたのは、「推しを推す」という生の様式においてである。それは、あかりの次のような語りに象徴的に示されている。

推しを推すことがあたしの生活の中心で絶対で、それだけは何をおいても明確だった。中心っていうか、背骨かな。（宇佐見 2020：37）

こうしたあり方は、現実逃避や他者への依存として、しばしば否定的に理解されてきたものだろう。だが、私には（自分が当事者だということもあるが）それを単に病理的なものとして片づけてしまうことはできないように思われた。

なるほど、あかりはままならない現実を生きている。けれども、現実の側から拒絶されることはあっても、彼女のほうは現実を拒絶していない。むしろ、あかりは最初から最後まで現実の「重さ」を感じ続け、その「重さ」とどうにか折り合いをつけようともがき続ける。さらにいえば、第三者からすれば「逃避先」に見えるそこは、実は決して逃避にふさわしい場ではない。推しを推すことは、楽しいことばかりではないからである。あかりの場合のように、推しが炎上しているなら、なおさらだろう（炎上中のアイドルを推し続けることは、客観的に見れば、かなり厄介なことだ）。だが、彼女は推しを推すことをやめない。それは彼女にとっての「背骨」であり、どんな困難にあっても「明確」なことなのである。

しかも、あかりは、「常に平等で相互的な関係を目指している人たち」から、推しとの「バランスが崩れた一方的な関係を不健康だと」言われても、まったく意に介さない。そもそも彼女は「お互いがお互いを思う関係性を推しと結びたいわけじゃない」からだ（宇佐見 2020：61–62）。言われてみれば、なぜ私たちは「常に平等で相互的な関係」を善きものとして目指そうとするのだろうか。

こうして、私は本章の出発点となる問題関心へと導かれた。ひょっとすると、ここには新しい他者との関係性や、主体のあり方が示唆されているのではないか、と。少なくとも、同書が多くの読者の共感を呼んでいるのなら、

「推しを推す生」が広く受け入れられ、実践されているのはなぜなのか、また、それが一つの文化として定着する社会とは何なのかということが検討されてしかるべきではないだろうか。従って、以下の二つの問いが本章の課題となる。

①推し文化において、どのような主体のあり方が可能になっているのか。その主体において、「世界」はどのように経験されているのか。

②推し文化を生み出した社会構造の変化とは何か。

①の問いも、②の問いも、推し文化における主体の可能性と条件に関わっている。教育が主体形成の営みであるとすれば、それは推し文化時代における教育の条件を問うことにつながるだろう。なお本章では、『推し、燃ゆ』をはじめ、推し文化の当事者たちの手になるテクストをもとに、これら二つの問いに応えていく。(1) 当事者の語りから読み解く推し文化論、それが本章のテーマである。さっそく検討を始めよう。

1　推し文化をどう理解するか

「推し」という語は、アイドルグループのAKB48が総選挙イベントを実施するようになった二〇一〇年頃から、人口に膾炙するようになったといわれる。学術的な定義は菅見の限りまだないが、「他者に推薦したいほどに好きで応援している人物、作品、キャラクター、モノなど」を指すものと理解されている。「他者に推薦したいほどに好きで応援している」という部分はこの語のもともとの由来に結びついているが、推しとなる対象はアイドルを中心とした「人物」だけでなくなってきたことは注目に値する。(2) 実際、いまや「推し」の語はかなり幅広い対象に用いられており、何でもありに近い。「推し活《おかつ》」「推し事《おごと》」などの派生語も生まれ、推しがいる生活や推しを推すという行為そのものをテーマにした作品も数多く制作されるようになってきている。二〇二一年には「推し活」が新語・流行語大賞にノミネートされるなど、推し文化は現代文化の一つとして、押しも押されもせぬ位置にあるといえよう。

だが一方で、推し文化はまったく新しい文化というよりも、一九八〇年代以来のオタク文化からの派生形として理解されることが多いようである。(3) 例えば、『ユリイカ』令和二年九月号の特集は「女オタクの現在――推しとわたし」と題されており、オタク文化の延長線上に推し文化を位置づけていることが読み取れる。学術的にも、推し文化を独立した問題圏として扱った研究は極めて少ない。

しかしながら、推し文化にはオタク文化の枠組みでは理解しえない要素が含まれているのではないか、というのが筆者の見立てである。というのも、一九八〇年代的なオタク文化と推し文化とでは、担い手となる層が明らかに変化しているからである。一九八〇年代的なオタク文化においては、「オタク」とは誰かという問いに、ある意味で明確な答えを与えることができた。だが、推し文化時代においては、「オタクが増えたことによって多様化し、定義そのものが曖昧になってきた」といわれる（悠木 2020：50）。王谷晶は次のように振り返っている。

この二点〔国産アニメと声優〕抑えてないとヲタにあらずみたいな雰囲気ありませんでした？　少なくとも一〇年前くらいは。最近はオタクの範囲も曖昧に広がってきて、ちょっと前はサブカルに内包されてたような趣味もオタクでーすって気軽に言いやすくなった。（王谷 2020：54）

ここでは、オタクの対象となるコンテンツの多様化が指摘されている。この変化について、王谷は十年前を境にしているが、十年前といえば「推し」の語が人々の間で広く使われるようになった頃、すなわち、推し文化の形成期に一致する。また、「推し」の語が用いられる対象が次第に広がってきたことは、先に述べた通りである。つまり、推し文化の形成と発展の過程に応じて、オタクの対象となるコンテンツが多様化したということだ。

さらに、王谷は「［「推す」「推せる」などの語は、オタクが］カジュアルに使えて年齢ジェンダーの別なく好意を表明できる便利な表現になったんだろう」とも述べている（王谷 2020：56）。確かに、マンガやアニメを愛好する男性が一九八〇年代的オタクのアイコンであったとすれば、推し文化時代におけるオタクはジェンダーレス化し、どちらかといえば女性のオタクに注目が集まっているといえるかもしれない。こうした傾向は、テレビドラマや映画などに登場するオタク像にも強く表れている。オタクを主人公として描いた先駆的作品として、インターネットの電子掲示板への書き込みを基にした『電車男』（映画は二〇〇五年六月公開、ドラマはフジテレビ系列で同年七月期放送）があるが、近年では女性のオタクが描かれることが増え、二〇代から三〇代の女性タレントが起用されている。ここ三年ほどの作品を例にとってみても、『トクサツガガガ』（NHK総合、二〇一九年放送）、『だから私は推しました』（NHK総合、二〇一九年放送）、『ヲタクに恋は難しい』（福田雄一監督、二〇二〇年公開）、『推しの王子様』（フジテレビ系列、二〇二一年放送）など、主人公のオタクはいずれも女性である。『推し、燃ゆ』（二〇二〇年）のあかりも女子高生だ。

こうした点をふまえて、本章では、オタク文化を参照点としつつも、推し文化の「新しさ」のほうに光をあててみたい。もちろん、推し文化と一口に言ってもその内実は極めて多様であるが、オタク文化との連続性よりも、その枠組みでは捉えきれない側面を強調して理解するということだ。次節以降では、一九八〇年代的オタクとの違いを意識しながら、推し文化時代におけるオタクの特徴を整理していく。

2　他者に没頭するオタク――「主体性なき主体」の出現――

『推し、燃ゆ』で印象的なのは、社会生活にはまったくなじめないあかりが、推しを解釈することに対しては並外れた集中力を発揮する姿だ。例えば、こんな場面がある。

テレビの録画を戻しメモを取りながら、以前姉がこういう静けさで勉強に打ち込んでいた瞬間があったなと思った。全身全霊で打ち込めることが、あたしにもあるという事実を推しが教えてくれた。（宇佐見 2020：64）

こうした感覚は、決してフィクションの世界だけのものではなく、Twitter の投稿などにも同様の語りがあふれている。(4) そこでは、（作品やモノなどを含めた）広い意味での「他者」への没頭が肯定的に語られるわけだが、その背景には、日常においては他者に没頭するということが起こりにくくなった時代状況があるのではないだろうか。

奥村隆（2004）は、社会学者ノルベルト・エリアスによる「参加（involvement）」と「距離化（detachment）」の概念をもとに、現代社会においては距離化の態度が優勢となり、「没頭を喪失した社会」になりつつあると論じている（なお、奥村はここで、参加と没頭をほぼ同義の概念として重ね合わせている）。距離化とは、いま自分が置かれている状況や感情を相対化しようとする態度のことであり、エリアスによれば、知識や科学はこうした距離化の態度によってはじめて生じてくる。奥村はエリアスに同意しつつ、それが「没頭する社会」に対して発揮した意義を認めるが、同時に、既に「没頭を喪失した社会」における距離化の態度にはネガティブな側面が含まれることを指摘する。奥村の懸念は、それが「自然な自分」や「管理されない心」などを追い求める「病」を亢進させてしまうという点にある。もし、私たちの社会が、奥村の指摘通り徹底した距離化の態度によって特徴づけられ、自分自身を含む全てが観察とコントロールの対象となる社会であるとすれば、オタクが他者に没頭していることをあえて語ろうとする意味も理解できよう。それは、没頭それ自体が稀有なことだからだ。

さらに興味深いのは、他者への没頭は一般には自己を喪失する経験と捉えられるにも関わらず、推し文化においては、むしろ自己を取り戻す経験として語られているということである。『推し、燃ゆ』のあかりは、次のように独白している。

推しを取り込むことは自分を呼び覚ますことだ。諦めて手放した何か、普段は生活のためにやりすごしている何か、押しつぶした何かを、推しが引きずりだす。だからこそ、推しを解釈して、推しをわかろうとした。その存在を確かに感じることで、あたしはあたし自身の存在を感じようとした。（宇佐見 2020：109–110）

ここで描かれているのは、他者に没頭することによって、逆説的に確認される主体のあり方である。それは、他者によって／他者の側から規定される自己という意味で、いわゆる主体性をもたない主体であり、「主体性なき主体」といえる。そして、こうした主体のあり方こそ、推し文化時代におけるオタクの際立った特徴の一つではないかと思われる。

確かに、一九八〇年代以来のオタク文化にも、「主体化の延期」というモチーフがある。例えば、大塚英志は八〇年代における主体と成熟の問題に触れながら、「近代の終着点としての八〇年代においては自分たちは男も女も「成熟」を徹底して遅延させ、そこに生じた一種のタイムラグを生きる存在としてあった」と述べ（大塚 2016：422）、そうした「八〇年代的なものの終結ないし総決算」として『新世紀エヴァンゲリオン』を位置づけている（大塚 2016：426）。端的にいえば、それはビルドゥングスロマンの不成立をもっとも徹底した形で示した作品であったという。

しかし、「主体性なき主体」は「主体化の延期」とは似て非なるものだ。推し文化時代において、主体化のプレッシャーはそれほど強くは感じられない。ポストモダン的状況が進むにつれ、いわゆる「主体化」は不可能であり、多くの人にとっては期待されてもいないことが明らかになってきたからである。主体化は、延期された末にキャンセルされたのだ。社会的価値の実現と自己実現とが合致した「能動的」な主体像が解体されるなかで、それでもなお主体への期待が残ったとすれば、それは他者や状況によりよく応答する「受動的」な主体への期待ではないだろうか。つまり、推し文化の担い手が直面しているのは、主体化のプレッシャーではなく、応答責任を果たすことへのプレッシャーだということである。このように考えるならば、推しの選択は誰に応答するかということ、すなわち、誰に対して受動的であるかに関わる選択と捉えられるのであって、その限りで最後に残された能動性であるといえよう。だが同時に、それはいわゆる主体性とは異なっており、そこで果たされる応答責任も限定的である（この点については、次節で改めて検討する）。いずれにせよ、「主体化の延期」から「主体性なき主体」への移行には、主体化をめぐる認識の変化が関わっていると考えられるのである。

3　近くて遠い場所から応援するオタク
——「へだたり」のうえに成り立つケア——

推し文化において、オタクは推しを応援する。「オタクとは消費者である」と言われるように（水上 2020：89、傍点原文）、この応援はしばしば消費行動という形をとる。作品やキャラクターにせよ、俳優やアイドルにせよ、推しは「消費」される必要があることをオタクは知っている。オタクと同様、推しもまたマーケットに埋め込まれた存在である以上、消費行動を通して推しに需要があることを示さなければ、推し続けること自体が不可能になる。

ただし、オタクの消費行動は、それによって推しや「公式」から消費に見合う供給を引き出し、推しを推し続けられるようにするといったような、いわば「交換」の論理だけで説明することはできない。オタクが消費に勤しむのは、推しに対する誠意や愛を示すためでもある。[5]言いかえれば、オタクの消費行動は、推しに対する「贈与」の行為でもあるのだ。それは、「推しのぜんぶが愛おし」く、「推しにだったらぜんぶをささげたくなってしまう」という思いに支えられている（宇佐見 2020：61）。

どんなときでも推しはかわいい。〔中略〕守ってあげたくなる、切なくなるような「かわいい」は最強で、推しがこれから何をしてどうなっても消えることはないだろうと思う。（宇佐見 2020：83-84）

ある他者を「かわいい」というとき、そこには暗黙のうちに、その他者が不完全ないし未成熟な存在であるという認識が前提されている。例えば、四方田犬彦は「かわいい」を「美しい」に対置させつつ、それが「世俗的で不完全、未成熟な何物か」を指し、それゆえに「親しげでわかりやすく、容易に手に取ることのできる心理的近さ」が構造化された概念であることを浮かび上がらせる（四方田 2006：76）。だが、さらに重要なのは、四方田が「グロテスク」を「かわいい」に隣接する概念としていることであろう。彼は、「かわいさ」を人工的に凝縮し、結晶化したものとしての「ヌイグルミ」を例に、「「かわいい」という観念を抜きにして間近にヌイグルミを眺めてみれば、人はそれがいかに畸形でグロテスクな容姿をしているかは了然としている」と述べる（四方田 2006：87）。「かわいい」は対象に内在する本質などではなく、「他ならぬ私こそが、それを保護し、それに無償の愛情を注ぐことができる」対象に対して「かわいい」と指さす行為だというのである（四方田 2006：87-88）。四方田によれば、「グロテスク」は同情を喚起することで、「かわいい」と紙一重のものとなる。つまり、「かわいい」と「グロテスク」は、不完全さや未成熟さゆえにその対象を「守ってあげたくなる」という点において、限りなく接近するのだ。「かわいい」をめぐるこうした議論から導かれるのは、推しに対するオタクの関わりを特徴づけるのは、完全なものに対する崇拝の念などではなく、未成熟な他者、助けを必要としている他者に対するケア的な態度なのではないかという仮説である(6)。

しかし、事態はそう単純ではない。というのも、ケア的関係は、通常は目の前の具体的な他者との間に結ばれるものだからだ。例えば、ネル・ノディングスは「ケアする関係は、ケアするひとに対しては、専心没頭と動機の転移を必要とし、ケアされるひとや、ケアされるものに対しては、応答や助け合いを要求する」と述べて、ケア的関係の相互性を強調している(ノディングス 1997：232–233、傍点原文)。もちろん、距離の離れた他者とケア的関係を結ぶことは不可能ではないが、やはり困難ではあるだろう。それは、ケアされるひとからの応答が見えづらく、相互性が生まれにくいためである。翻って、推しとオタクの間にも距離があり、その関係は必ずしも相互的であるとはいえない。たとえ、オタクのケア的関わりに対して、推しの側が何らかの応答をすることがあったとしても、それは「他ならぬこの私」に対する応答ではないことも多いからだ。とはいえ、だからといって、推しとオタクの間のケア的関係を「非本来的」なものと断じることはできない。『推し、燃ゆ』のあかりのように、そもそも相互的な関係を「本来的」なものと見なしていない場合もあるからだ。あかりにとって、推しは自己を自己として成り立たせる「背骨」であると同時に、全てを賭けて守ってあげたい存在でもある。だが、彼女は推しとの相互的な関係を求めているわけではない。推しとオタクの間に結ばれた、この奇妙な関係をどう理解すればよいのだろうか。

ここで、再びあかりの言葉に耳を傾けてみよう。「お互いがお互いを思う関係性を推しと結びたいわけじゃない」という独白のあと、彼女は以下のように続けている。

携帯やテレビ画面には、あるいはステージと客席には、そのへだたりぶんの優しさがあると思う。相手と話して距離が近づくこともない、あたしが何かをすることで関係性が壊れることもない、一定のへだたりのある場所で誰かの存在を感じ続けられることが、安らぎを与えてくれるということがあるように思う。（宇佐見 2020：62）

あかりは、「へだたり」があることによる、一方的で安らかな関係に満足している。彼女からすれば、こうした安らぎは「お互いがお互いを思う関係性」には存在しない。

ここで問題となるのは、「へだたり」がもたらす安らぎとは何かということだろう。この点を考えるうえで、悠木碧（2020）の議論は示唆に富む。彼女は「オタク」を定義しようとする試みの中で、子どもやパートナーを深く愛する人をオタク（子どもオタク、パートナーオタク）といえるかと問うて、次のように述べる。

私の友人の既婚オタク女子に聞いてみると「子供も可愛いし旦那も大切だけど、推しは別」と返ってきた。曰く、子供と旦那には、責任を感じるが、推しはただ愛していればいい存在なのだそうだ。〔中略〕責任だけに押しつぶされそうになった時にも、純粋な好きという気持ちをちゃんと思い出させてくれる対象は、現実で愛情をかける存在との関係も円滑にしてくれるんだとか。これは、前述した「自分を推しといえるか」にも共通する部分かもしれない。自分の責任はどうやったって自分に返ってくる。だから、なかなか熱中するところまで持ち込みにくい。（悠木 2020：52）

子どもやパートナー、自分に対しては責任を感じるが、推しに対しては責任を感じない。だからこそ、推しを純粋に愛し、熱中することができるというわけである。悠木は以上の議論を踏まえて、「最終責任を自ら負うことができないにもかかわらず、その対象に熱中できる人」をオタクと定義し、「あれ、オタク、すごく素敵じゃない？」

とまとめている（悠木 2020：53）。オタクの定義に「推しに対する無責任」という観点が含まれているのは非常に興味深いが、ここに先の「へだたり」が関わっているのではないか。他者との間に「へだたり」がないとき、その他者に対する応答責任は切迫したものとなる。子どもやパートナー、自分に対して責任を感じる（感じざるをえない）のは、そこに「へだたり」がないためだと考えられる。眼前の他者に応答しないことは、遠い他者に応答することと同様に負荷のかかることだ。そうであるとするなら、「へだたり」がもたらす安らぎとは、責任主体としての自己を手放すことによる安らぎとはいえないだろうか。推しとオタクの間に築かれるのは、ケアするひとが自らの最終的な応答責任を手放すこと（最終的には応答しえないと認めること）で可能になる、かなり特殊なケア的関係であるといえる。そうした関係は、これまでのケア論の枠組みにはないものだ。「へだたり」があっても、というよりもむしろ、「へだたり」によってこそ成り立つケア。そこに、新たな倫理的可能性を見ることもできるだろう。

4 引きこもらないオタク——二重化される現実世界——

続いて、推し文化時代における現実世界／虚構世界という問題を考えておこう。ここで念頭に置いているのは、一九八〇年代的オタク文化との対比である。一九八〇年代的オタクを特徴づけるものとして、現実世界からの引きこもりと虚構世界への没入が挙げられることがあるが、この点について大塚は次のように論じている。

受け手は作品の物語の背後に現実と同じ統辞法、秩序から成り立つ「世界」の存在を見てとる。〔中略〕こういう受け手の過剰な読みこそが「おたく」の最大の特徴である。虚構の世界を現実世界と同等の統辞で成り立っているのだと見なす思考と、それを出発点とする想像力のあり方こそが「おたく」表現の本質である。（大塚

2016：240）

大塚によれば、こうした「受け手の過剰な読み」は、七〇年代の終わりに劇場アニメ化された『宇宙戦艦ヤマト』とともに出現したが、オタク文化が開花した八〇年代には、送り手の側にも作品に「世界観」をもたせ、そこに虚構の「歴史」を織り込もうとする動向が生まれた（大塚 2016：240ff.）。つまり、一九八〇年代的オタクに見られる、現実世界からの引きこもりと虚構世界への没入という現象は、受け手であるオタクと送り手であるクリエイターとの共犯によって成立していたというのである。

一方、推し文化時代におけるオタクには、こうした虚構世界への志向性は見られない。少なくとも、推し文化時代における虚構世界に対する想像力は、一九八〇年代的オタクのそれとは異なるのではないだろうか。例えば、「これまでのオタクの生態で求められていたのは破産物語とか、離婚とか。そういう人はいるにはいるけど、オタク女子を描いていない。生活と折り合いをつけている」『トクサツガガガ』の主題歌の歌詞がいい。ちゃんと働いているから趣味くらい好きにさせろっていうメッセージがある」といった語りや、[7]「仕事で一番しんどかった時、この世界に同じように頑張っている推しがいると思うと救われた。孤独ではないと思えた」といった語りは（綾奈 2020：60）、オタクの志向性の変化を示している（傍点はいずれも引用者による）。いまや、「オタク」というあり方は「無意味でままならない人生を、しみったれた現実を、それでもやっていかなければならない中で選び取られる生存戦略」となったのである（水上 2020：88-89）。推し文化時代のオタクは、現実世界にとどまるために推すのだ。

こうした変化は、収集という場面においても見出される。再び、大塚（2016）の分析を参照してみよう。大塚によれば、「新世紀エヴァンゲリオン」ブームの本質は、彼が「物語消費」と呼ぶ消費の形式にある。物語消費とは「物語を擬似創造する行為とモノの消費が一体となった〔中略〕消費の形式」であり（大塚 2016：260）、その手法はビックリマンチョコレートによって先駆的に援用された。

「ビックリマン」はまんがやアニメの形で物語を与えず、断片化した情報と情報の隙間を消費者に埋めさせた。つまり、物語を擬似的に創造（あるいは想像）させると同時に情報を常に欠乏させることで、情報への渇望を産む。〔中略〕「エヴァンゲリオン」のマーケティング技術はその典型であり、本編のテレビアニメでは物語の全体像も一切の謎もキーワードの意味も説明されないまま放置され、それゆえ、受け手は「物語」を求めて読本や、作者の種本である心理学、神秘主義の専門書までも「関連商品」として消費したのが「エヴァンゲリオン」ブームの本質だった。（大塚 2016：260）

現実世界／虚構世界という本節での問題関心に引き寄せて敷衍すれば、一九八〇年代的オタクたちは、断片を収集することで虚構世界の擬似創造に関わり、その完成を目指していたということになるだろう。一つ一つの断片は文字通り「意味不明」なものであり、あくまで虚構世界に接近するためのツールとしてのみ機能する。

ところが、推し文化時代における収集は、逆のベクトルをもっているようなのだ。例えば、本章の執筆時点（二〇二一年三月二八日）で二万三千件を超えるリツイートと九万八千件を超える「いいね」を獲得した Twitter の投稿に、「今までで1番コイツ頭おかしいなって思ったオタクの発言は「あっ！ この牛乳賞味期限が推しの誕生日だ買わなきゃ」です。」というものがある（まんだむ @manndamm, 2020/3/30 21：23）。このツイートが報告しているのは、推しの断片（推しの誕生日と賞味期限との一致）によって、現実世界の側が新たな意味を付与されるという事態である（ただの牛乳から、推しとのつながりを感じられる特別なアイテムへ）。そこで意味の中心となるのは、一つ一つの断片のほうであり、しかもそれは虚構世界とはなんら関わりをもたない。先の語りにあったように、推しは「この世界」でオタクと同じように頑張っている存在だからだ。推し文化が展開される場は、どこまでも現実世界なのである。

本節の検討を踏まえると、一九八〇年代的オタクとは対照的に、推し文化時代におけるオタクは「引きこもらないオタク」だということが見えてくる。いまやオタクが意味を付与するのは虚構世界ではなく現実世界の側であり、それによって現実世界は二重化され、推しを中心とした有機的な意味連関として再構成される。そして同時に、そうした連関のなかに、オタクは「主体性なき主体」としての自己を位置づけ直すのだ。推しを推すことは、現実世界と自己に新たな意味をもたらし、両者の間に新たな関係を取り結ぶことによって、ままならない現実を「なんとか耐えられるもの」に変える戦略でもあったのである。

5　どのような社会が推し文化を生んだのか
――脱政治化の時代における批評という問題――

本章ではここまで、推し文化時代におけるオタクの特徴を検討しながら、推し文化時代において広く可能になった主体のあり方と、そこでの「世界」の経験について考察してきた。簡潔にまとめるならば、推し文化時代における新しい主体とは、「主体性なき主体」であり（第2節）、他者との間に「へだたり」のうえに成り立つケア的関係を結びつつ（第3節）、二重化された現実世界を生きる存在であった（第4節）。本節では、こうした主体を生み出した社会構造の変化について検討してみたい。

まず挙げられるのは、SNSなど、遠さと近さの感覚を統御するテクノロジーの発展である。切迫した応答責任が生じないほどの「へだたり」を保ちつつ、ケア的な関係を築けるほどの「近さ」を感じさせるテクノロジーとして、SNSは極めて優秀なものだろう。また、SNSの発達は、オタクによる応援＝消費行動のあり方を変容させ、あらゆるものが「推し」となりうるほどに、推し文化の対象となるコンテンツを無際限に広げていった。

だが、ここでより強調したいのは、脱政治化の急激な進展である。推し文化時代におけるオタクには、一九八〇年代的オタクのような虚構世界への志向性が見られないことは、前節で検討した通りである。脱政治化の進展は、この点に関わっている。大塚は、一九八〇年代のオタク文化において、受け手と送り手による共犯によって虚構世界の構築がなされていったことについて、次のように分析する。

こういった流れの背景にあるのはやはり七〇年代初頭における政治の季節の終結ではないか。〔中略〕現実の世界にマルクス主義的な歴史像を描き出すことが困難になった後、その代償として、仮想世界に歴史が求められていく。そういう現実の歴史からの逃走が例えば「ガンダム」から「エヴァンゲリオン」に至る系譜だと記すのは言い過ぎか。（大塚 2016：247–248）

大塚にしたがえば、一九八〇年代には既に「政治の季節」は終焉し、脱政治化が始まっていたということになる。だが、オルタナティブな「歴史」への期待は、受け手にも送り手にも根強く共有されており、人々はまだ現実世界の変革可能性を信じてもいた。つまり、一九八〇年代のオタク文化においては、主戦場が現実世界から虚構世界へと移されたものの、政治への期待そのものが消滅したわけではなかったのだ。

一方、推し文化時代においては、「歴史」に対する期待はほとんどなくなったといってよいのではないだろうか。たとえ虚構であっても新たな「歴史」を描くことはできなくなり、政治への期待そのものが消滅するところまで脱政治化が進んだ(8)。だからこそ、推し文化時代におけるオタクは、現実にとどまらざるをえなくなったのではないだろうか。確かに、オタクたちは、推しを推すことを通じて現実世界を二重化し、有機的な意味連関として再構成する。だが、二重化された現実世界に新たに立ち現れる「意味」は、基本的には自分にのみそれと分かるもので、決して人々に共有されうる「歴史」などではない（推しの誕生日と牛乳の賞味期限の一致など、どう考えても他者には分かりえない連関だろう)。推し文化は、さしあたり、極めて非政治的な文化だといえそうだ。

しかし、それにも関わらず、一九八〇年代以来のオタク文化から推し文化に至るまで、これらの文化には「どのような政治性(批評性)があるか」が問われ続けてきた。例えば、橋迫瑞穂は「一九九〇年代以降、オタク文化を語る時には、必ずと言っていいほど対象を批評したり評価したりする言葉が伴われていた」と述べ、とりわけ「社会学では、カルチュラル・スタディーズの流行がその傾向に拍車をかけたように思う」と述懐している(橋迫 2020：82)。ここで興味深いのは、当事者自身はそうした「批評」を拒む傾向があるということだ。橋迫も、「そこに素朴な違和感を抱くことがある」と続け、「好きなものを「ただ好き」だと表明して、そのなかで気持ちよく消費に勤しむことは避けるべきことなのだろうか」と問い返している(橋迫 2020：82)。序章で検討した通り、ポップカルチャーには教養主義的なものへの抵抗という要素が含まれており、ファンの間には「研究や批評の対象となることへ忌避感」が一定程度共有されている(本書七頁)。オタク文化や推し文化もポップカルチャーである以上、こうした傾向は当然かもしれない。

だが、この問題についてさらに踏み込んで考えてみたい。着目したいのは、大塚が「おたく」と「オタク」の区別にこだわっているという点だ。大塚によれば、「おたく」はもともと新しいヒエラルキーを捏造する用語であり、秩序の攪乱者を装う文化記号論的な遊びであったという。しかし、そうした遊びを真摯に受けたポストモダニズムの論者たちによって、本当にヒエラルキーを転倒させ、「新しいヒエラルキーを保証するもの」に変容していく(「おたく」から「オタク」へ)。こうして「オタク」は実体的なアイデンティティと化し、新しいヒエラルキーの上位に位置づけられるようになっていった(大塚 2006：24)。大塚は、これを「おたく」文化が批評性を喪失していく過程として否定的に評価している。

〈オタク〉自体がアカデミズムの「本気」の研究対象となることで、実は〈おたく〉という存在そのものが当初、担わされていた秩序の攪乱者としての性格さえ消去されている。とはいえ、その批評性そのものがそもそもとるに足らないものであった以上、それを惜しむ意味は少しもないのだが。（大塚 2016：26）

推し文化もまた、「本気」の研究対象となれば、政治性（批評性）はあるということになるかもしれない。先に、推し文化はさしあたり非政治的な文化といえそうだと書いたが、既存の政治理解の枠組みからすれば非政治的であるとしても、その枠組み自体を組み替える可能性を含んでいると考えることは十分可能だ。[9]「推し文化には、どのような政治性があるか」について、現時点では私は明確に判断できない。

だが、「推し文化に政治性があると語ることに、どのような意味があるか」についていえば、私は大塚と同じ危惧を抱いている。つまり、「推し文化には〇〇という政治性があり、既存の秩序を変革しうる」と語ることで、かえってその批評性を失わせることにはならないかという危惧である。ヒエラルキーを転倒させるのであれ、秩序を変革するのであれ、それによって既存のヒエラルキーや秩序と関連づけられ、その内部に位置づけられることに変わりはない。脱政治化の時代において政治性が最大限発揮されるためには、徹底して外部性を失わせないようにする必要があるのではないか。何よりも、推し文化にそうした「公的」な意義が見出されることによって、担い手であるオタクは二重化された現実世界（推しを中心とした意味世界）から端的な現実世界（現実の社会）に押し戻されることになる。それは、オタクから「生存戦略」を奪うこと、担い手から文化を簒奪することにならないか。少なくとも、私は牛乳の賞味期限を見てひとりでニヤニヤしていたい。推しを中心とした意味連関は、私だけが独り占めできるものだからこそ、生存戦略たりうるのだ。それを他者に距離化（批評）の言葉で語られると、せっかくの没頭が醒めてしまう。

――と、ここまで書いて、本章は紛れもなく推し文化を「批評」するものであったことに気づく。なんという自己矛盾だろう！　研究者としての私はこの原稿を楽しく書いてきたのだが、思い返せば、その間「推しを推す」ことができなかったのも確かである。それは、書いている間は推し活ができないということもあるが、それ以上に、研究者としての私は自分の推しでさえ距離化の態度で見てしまうからである。私は今後も二人の自己に引き裂かれ続けるのだろう。こうした矛盾を自覚しつつ、いや、自覚しているからこそ、「オタクとしての私」は推し文化の政治性を語ることにはやはり禁欲的でありたいと思う。ままならない現実を、これからも生きていくために。

謝辞
院生時代の指導教員である小玉重夫先生のゼミにおいて、本章のもととなる内容を報告する機会をいただき、多くの示唆を得た。小玉先生、小玉ゼミの皆さま、ありがとうございました。

注

（1）『推し、燃ゆ』の著者である宇佐見りんも、複数のインタビューのなかで自身が推し文化の当事者であることを明かしている。例えば、https://book.asahi.com/article/13923624（二〇二二年三月二七日最終閲覧）。

（2）本章では、基本的に推しの対象が人物である場合を念頭に置いて検討していくが、対象が作品やモノなどの場合についても、ある程度共通した結論が得られるのではないかと考えている。

（3）大塚英志によれば、「おたく」概念の出自は、一九八〇年代半ばに、中森明夫が大塚の編集する雑誌『漫画ブリッコ』において同概念を初めて提示したことにあるという（大塚 2016：23）。大塚（2016）は、一九六〇年前後生まれの世代をおたく第一世代とし、一九八〇年代におけるおたく文化の台頭とその後の展開を検討している。本章におけるオタク文化の理解は、同書での議論をもとにした。ただし、大塚自身は「おたく」と「オタク」を区別していることに注意が必要である。この点については第五節で改めて論じる。

（4）例えば、「この歳になるとさ何かのコンテンツにハマれた時「よかった…私まだいける…私まだ狂えるんだ……！」って安心するんだよな」（一秒 @ichibyo3, 2020/12/01 7：44）といったツイートは、まさにそうした語りにあてはまるものであろう。

（5）女性オタク4名によるユニット「劇団雌猫」のメンバー、もぐもぐによる発言。日経ＭＪ「オタク女子ってニャに？ 劇団雌猫に学ぶ」https://www.nikkei.com/article/DGXMZO41103490Y9A200C1H11A00/（二〇二一年三月二七日最終閲覧）。

（6）ケアには相応のコミットメントが必要であるということからすれば、推しを無限に増やしていくことは困難である。だからこそ、「作品上のキャラクターとして好きなのか、俳優自身が好きなのか確かめるため、キャラクター以外を演じる舞台を一年ほど見守り、観察した。その時点でだいぶ好きだと思うが、好きと推しは違う。長期的に推せる、信頼できる推しかどうか冷静に見定める必要がある」といった語りも生まれるのであろう（綾奈 2020：59-60）。

（7）「劇団雌猫」のもぐもぐとひらりさによる発言。日経ＭＪ、前掲ウェブサイト。

（8）虚構の歴史を描く一九八〇年代から、歴史が不可能となる推し文化時代へという理解は、大澤真幸（2008）の議論とも合致している。大澤は日本の戦後史を、理想の時代（一九四五年以降）、虚構の時代（一九七〇年代以降）、不可能性の時代（一九九五年以降）という三つの時代に区分しているが、一九八〇年代から推し文化時代への移行は、虚構の時代から不可能性の時代への移行に重なっている。

（9）例えば、小玉重夫は、現代を「虚構と現実が切り離されていない、むしろその両者が、可能世界と現実世界という形で相互浸透し始めている時代」と捉え（小玉 2018：37）、そこに教育の再政治化につながる可能性を見出している。なお、小玉は、こうした時代の象徴的作品として『シン・ゴジラ』（庵野秀明監督、二〇一六年公開）と『君の名は。』（新海誠監督、二〇一六年公開）を挙げ、分析を加えている（小玉 2018：36-37）。

文献

綾奈ゆにこ「推し依存症」『ユリイカ』第五二巻第一一号、二〇二〇年、五八 - 六〇頁。

宇佐見りん『推し、燃ゆ』河出書房新社、二〇二〇年。

王谷晶「推しと萌えとオタクと女」『ユリイカ』第五二巻第一一号、二〇二〇年、五四‐五七頁。

大澤真幸『不可能性の時代』岩波新書、二〇〇八年。

大塚英志『「おたく」の精神史――一九八〇年代論』星海社新書、二〇一六年。

奥村隆「没頭を喪失した社会――「社会学」の位置をめぐって」『立教大学応用社会学研究』第四六号、二〇〇四年、三五‐五六頁。

小玉重夫「ポストトゥルースの時代における教育と政治――よみがえる亡霊、来るべき市民」『近代教育フォーラム』第二七号、二〇一八年、三一‐三八頁。

ノディングス『ケアリング――倫理と道徳の教育 女性の視点から』立山善康・林泰成・清水重樹・宮崎宏志・新茂之訳、晃洋書房、一九九七年。

橋迫瑞穂「「推し」を語るとは何か――あるいはマキさんの輝く日常」『ユリイカ』第五二巻第一一号、二〇二〇年、八一‐八七頁。

水上文「〈消費者フェミニズム〉批判序説」『ユリイカ』第五二巻第一一号、二〇二〇年、八八‐九五頁。

悠木碧「推しと俺」『ユリイカ』第五二巻第一一号、二〇二〇年、五〇‐五三頁。

四方田犬彦『「かわいい」論』ちくま新書、二〇〇六年。

第5章

音楽ライブイベントにおける音楽享受について
――コロナ禍の音楽シーンの状況をふまえて――

古仲 素子

はじめに

本章の目的は、音楽ライブイベント(1)の場で音楽を享受することについて、コロナ禍において大きく変化せざるを得なかった音楽シーンの状況をふまえながら考察を行うことである。コロナ禍におけるコンサートや音楽フェスなどの音楽ライブイベントの苦境やオンラインライブの市場規模の拡大、ならびに近年のYouTubeや定額制音楽配信サービスの動向にも目を向けながら、音楽ライブイベントにおいて音楽を享受するということはどのような体験であるのかについて検討したい。

二〇二〇年から始まった新型コロナウイルスの流行は、音楽シーンの状況を大きく変えてしまった。周知の通り、コンサートや音楽フェスなどの音楽ライブイベントが相次いで中止・延期となり、アーティストやそのファン、アーティストおよびイベントを支えるスタッフなど、音楽に関わるすべての人々が少なからぬ影響を被った。公演の開催が難しい中で、アーティストやそのスタッフ、ライブハウスなどの劇場施設に対する公的な補償が十分になされたとは言い難く、アーティスト活動の休止や、施設の閉店に追い込まれた事例も少なくない。二〇二一年五月現在においては、マスク着用の徹底や検温・消毒、オーディエンス同士の身体的距離の確保や発声の禁止などのルールを設けた上で、有観客の音楽ライブイベントが一定数開催されている。一方で、そのような有観客イベントに先駆けて行われたのが、オンラインライブ（配信型ライブ）と呼ばれる、インターネット上で音楽ライブを届けようとする試みだ。また、YouTubeやサブスクリプション型の定額制音楽配信サービス(2)も、人々の音楽享受における新たな楽しみ方を提供・提案している。

ここで、コロナ禍と音楽に関わる先行研究を検討してみると、宮入（2021）は、新型コロナウイルスの影響によって明らかになった、これまでライブハウス文化が抱えてきた課題について、政治、経済、文化における理論的な枠組みから考察することで、ポスト・コロナ時代のライブハウスの可能性と限界について述べている。また、南田ら（2021）は、コロナ禍における人々の音楽生活の特徴について、特にライブゴアー（ライブに行く人）に関する定量調査を行っており、その調査をもとにしたフェスや配信ライブの分析は、本章の関心とも重なる部分が多い。

教育に視点を移してみると、音楽教育に関わる研究においても、例えば音楽教育学会が発行している『音楽教育実践ジャーナル』において「新型コロナウイルス問題と音楽教育」という特集が組まれ、新型コロナウイルスの流行が、主に学校現場における音楽教育実践にどのような影響を与えたかが、さまざまな角度から検討されている。紙幅の関係上、本章の議論と直接的に関連するもののみを挙げると、小杉ら（2021）は、新型コロナウイルスの流行により、これまでの音楽科教育において中心的であった集団的な音楽活動が制限されたことを受け、集団とは異なる「ひとり」が単位となり得る音楽活動の可能性について述べている。また、瀧川・古山（2021）は、熊本市内の小学校を対象に行われたオンラインライブ鑑賞教室「ケンゲキオンラインスクール」の事例をもとに、内容や見せ方・聴かせ方の工夫によってオンライン配信においても生演奏に近い音楽体験を提供できる可能性、さらに生演奏では体験できない付加価値として演奏風景の焦点化を挙げている。

このように、コロナ禍は皮肉にも、それまでの音楽シーンおよび音楽教育の現場等における既成概念を再検討する機会になったことは確かである。前述したように、ルールを設けた上での有観客の音楽ライブイベントが一定数開催されている現在でも、有観客イベントと生配信やディレイ配信（見逃し配信）などを組み合わせている事例は多い。そして、今後音楽の享受方法がますます多様化していくことは疑いなく、また、否定すべきものでもない。しかしながら、そのように変わりゆく音楽シーンを見つめるにあたっては、そもそも音楽ライブイベントにおいて音楽を享受することとはいかなる体験であるのかを考える必要があるのではないだろうか。本章では、以上の問題意識から、音楽ライブイベントにおける音楽享受について、コロナ禍の状況をふまえつつ検討することを通して、それは一体どのような体験であるのか、また、その体験は他のさまざまな音楽享受のあり方と比べていかなる特質を持ちうるのかについて整理と考察を試みたい。

1 新型コロナウイルスの流行が音楽シーンに与えた影響

二〇二〇年、新型コロナウイルスの流行により、演劇やミュージカルなども含むライブイベント全般は軒並み中止や延期を余儀なくされ、それはコンサートや音楽フェスなどの音楽ライブイベントに関しても例外ではなかった。ライブイベントの中止・延期は、新型コロナウイルスの主たる感染経路とされた飛沫感染および、密閉および密集した空間における空気感染等を避けるという視点からであったが、ライブハウス等が名指しで非難を受けるなど、実態よりも誇張されて否定的な報道がなされることもしばしばであった（宮入 2021）。このような状況において、二〇一九年までは拡大傾向にあったライブイベントの市場規模は一転、低迷を余儀なくされる（図５－１）。二〇二〇年のライブイベント市場規模は前年の六二九五億円から一一〇六億円まで落ち込み（前年比約八二・四％減）、こと

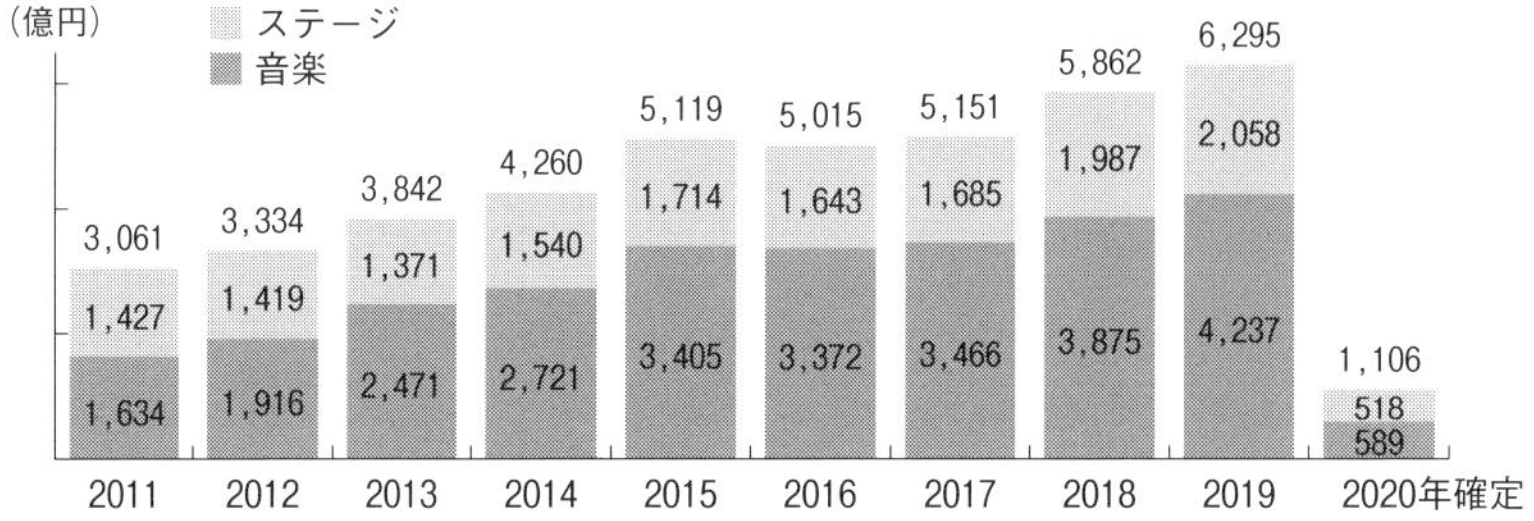

図５－１　ライブ・エンタテインメント市場規模の推移

注）ここでのライブ・エンタテインメント市場規模は，「音楽コンサートとステージでのパフォーマンスイベントのチケット推計販売額合計」と定義されている．

出所）「2020年１月～12月のライブ・エンタテインメント（音楽・ステージ）市場規模は８割減 ／ぴあ総研が確定値を公表」（2021年５月13日）https://corporate.pia.jp/news/detail_live_enta20210513.html（2021年４月30日最終閲覧）．

音楽ライブイベントに関しては前年の四二三七億円から五八九億円と、およそ八六・一%減少した（ぴあ総研 2021. 4）。特に、大型フェスが相次いで中止となった音楽ポップスフェス市場は、前年比九七・九%減の六・九億円へと激減している（ぴあ総研 2021. 5）。

音楽ライブイベントが苦境に立たされる中で、その市場規模を大きく伸ばしたのがオンラインライブだ。二〇二〇年における有料型オンラインライブの市場規模は、チケット制のオンラインライブが本格的に開催されるようになった当初（四～六月）は約一一億円であったが、一〇～一二月には約三七三億円とおよそ三四倍になった（ぴあ総研 2021. 2）。その一方で、オンラインライブが音楽ライブイベントの「代替」になるのかという議論も行われた。例えば、二〇二〇年の東京都知事選に立候補していた小池百合子は「#SaveOurSpace」が実施した東京都知事選候補への質問状における「インターネット配信は生のエンターテインメントの代替手段になるか否か」という質問に対して「代替手段になる」と回答した(3)。その見解は、東京都が打ち出したアーティスト支援事業「アートにエールを！東京プロジェクト」が、動画配信を前提としていたことにも如実に表れていると考えられる（「アートにエールを！東京プロジェクト」HP）。

ここで、多機能型ファンメディア「Bitfan」とライブ・セットリスト情報サービス「LiveFans」が共同で行った「音楽ライブ配信に関する意識調査」[4]を検討してみたい。調査対象は「過去五年間で音楽ライブ・コンサート（ミュージカルや演劇等は除く）に行ったことがある者」であるため、もともと音楽ライブイベントに関心の高い層であると言えるが、だからこそ音楽ライブイベントとオンラインライブを比較しての意見が得られると考えた。回答者の八〇・七%がコロナ禍以降にオンラインライブを視聴したことがあり、全体の三〇・七%が五回以上観ていると回答している。

オンラインではない所謂「リアルライブ」とオンラインライブについての総合満足度の比較評価では、回答者の七七・〇%が「リアルの方が良い」（五三・五%）あるいは「どちらかというとリアルの方が良い」（二三・五%）と回答し、「どちらの良さもある」と回答したのが二〇・五%、オンラインライブの方を評価する回答は二・四%にとどまった。しかし、オンラインライブの利用意向については、八九・〇%の回答者がコロナ禍において「積極的に利用したい」（三六・〇%）もしくは「場合によっては利用したい」（五三・〇%）と回答、さらに、八一・六%の回答者がコロナウイルスの影響がなくなった後も「積極的に利用したい」（一九・九%）もしくは「場合によっては利用したい」（六一・七%）と回答している。「リアルライブ」と比較しての満足度は低かったものの、それとは異なる形での音楽体験の一つの手段として、オンラインライブを肯定的に評価している様子が窺える。

ここで、同調査の自由記述回答を参照すると、オンラインライブの良かった点としてはまず、「自宅で自由に過ごしながらライブが見れる《ママ》」（二〇代男性）「子供を誰に預けるかなどを考えなくてよい」（三〇代女性）「地方に住んでおり移動がないので参加しやすい」（五〇代男性）のように、観る場所を選ばないことの利点が挙げられている。また、その配信に人数制限がない場合、「チケットが入手しづらいアーティストのライブを観られる」（四〇代男性）という点も注目される。実際、サザンオールスターズが二〇二〇年六月二五日に横浜アリーナで行った無観客配信ライブは、三六〇〇円のチケットを約一八万人が購入したとして話題になった。[5]さらに、「演者の表情が細かく見えて、エネルギーが伝わってくるのが良かった」（五〇代女性）「最前列にいるような視界の良さ。演奏の手元のアップなど」（四〇代女性）というように、カメラワークによっては「リアルライブ」では体験できないアングルでライブを楽しめるという点は先行研究でも指摘されていた通りである（瀧川・古山 2021）。

一方で、オンラインライブの不満な点としては、第一に「PCやスマホだと画面が小さいのでちょっと物足りない」（五〇代女性）「誘惑が多いので集中しづらい。スマホや飲み物いれ《ママ》たり宅配だったり」（三〇代男性）という視聴環境に関する点や、「回線状況によっては途中で映像が途切れたり音が止まったり、映像と音が合わなくなる」（五〇代女性）という通信環境の面での不満が述べられている。そして「やはり会場での生の音には叶わない」（五〇代女性）「画面越しはやっぱり寂しい。コールアンドレスポンスとか皆で一緒に歌ったりする空気感がない」（二〇代女性）「今や無料のコンテンツが多い中有料でライブの臨場感味《ママ》わえないのはちょっと残念」（五〇代男性）というように、「リアルライブ」における「生」の音や空気感、臨場感が味わえないという不満が挙げられている。しかし、例えば視聴環境や通信環境の面が技術的に最大限改善され、かつ何らかの形で集団的な音楽享受が可能になるとするならば、上記で述べられている空気感や臨場感は、「リアルライブ」以外の場においても実現できるのだろうか。それとも、やはり「リアルライブ」にしか持ちえない性質があると見るべきなのだろうか。

2　音楽ライブイベントの特質とは何か
——オンライン上における音楽享受との比較から——

ここで、近年の音楽メディアを通してのポップ・ミュージックの享受のあり方に目を向けてみたい。円堂都司昭は、クラシックと比べてポップ・ミュージックは、音楽自体にとどまらず、アーティストのルックスやキャラクターもセットで消費する「視聴」という側面がより大きいと述べた[6]（円堂 2013：48）。このような側面は、近年の音楽聴取もとい視聴の状況に鑑みると、より一層強まっている。一般社団法人日本レコード協会が毎年行っている「音楽メディアユーザー実態調査二〇二〇年度版」によると、音楽の聴取方法でもっとも利用率が高いのはYouTube（全体の五七・九％）で、この傾向は若年層ほど強く、十代の七五・六％、二十代の六二・四％を占めている。とはいえ、もっともパーセンテージの少ない六十代でも五一・九％と五割を超えており、YouTubeが音楽を享受する方法として幅広い世代に利用されていることが窺える（一般社団法人日本レコード協会 2021）。

さらに、先に挙げたYouTubeおよび、近年における定額制音楽配信サービス等の普及は、そのサービスが配信している曲であればどの曲にもすぐにアクセスできるところが大きな特徴であり、音楽はそれまでの「所有するもの」や「参照するもの」（井手口 2009）に加え、「共有するもの」としての性格を有した（ボッツマン、ロジャース 2010）。もちろん「共有」が「所有」や「参照」に完全に取って代わったわけではないが、同じサービスを利用している人同士が何千万曲という膨大な音楽データベースを共有している状況は、人々の音楽の聴き方や楽しみ方にも大きな変化をもたらしている。例えば、友人がTwitter上に貼った定額制音楽配信サービスのリンクにアクセスして楽曲を聴く行為や、TikTok上にアップロードされた音源を用いてユーザーが動画を投稿するなどの行為は、「共有するもの」としての音楽の性格が色濃く出ていると言えよう。

右記のことをふまえつつ、本節では定額制音楽配信サービスのＡＷＡが提供する「LOUNGE」および、YouTube上のチャンネルの一つである「THE FIRST TAKE」を取り上げる。音楽ライブイベントが持つとされる特徴の一部を取り入れようとしたオンライン上の機能やコンテンツを検討することで、逆説的に音楽ライブイベントが持つ性質を浮かび上がらせる一助としたい。

（１）音楽の集団的享受を考える――ＡＷＡ「LOUNGE」を手掛かりに――

音楽ライブイベントにおいて、集団で音楽を享受するあり方に着目するために、まずはオンライン上の「空間」について考えてみたい。定額制音楽配信サービスの一つであるＡＷＡには「LOUNGE」という機能があるが、これについてＡＷＡの公式ホームページでは、「ユーザー同士がリアルタイムで音楽の流し合いや語り合いを楽しめるオンライン空間」と説明されている。この「LOUNGE」においては、ユーザーは既存の楽曲を聴きながら文字やスタンプを用いてコミュニケーションを取ったり自身の感情を表現したりする（図５-２）。ＡＷＡのＣＥＯである冨樫晃己は「LOUNGE」について、「『聴くだけではない音楽の楽しさ』をオンライン上でも最大限に体験できる空間を目指し」たと言い、「友達と昔の思い出を語りあいながら懐メロを楽しむように、ライブ会場で大勢のファンとともに熱気を感じ合うように、「同じ空間で、同じ音楽を、同じ時間で共有する体験」を心ゆくまで楽しんでいただけたら」（avex portal 2021）と述べており、音楽ライブイベントの魅力になぞらえた表現がなされている。

それでは「LOUNGE」のようなオンライン上の「空間」における文字やスタンプでのコミュニケーションと、音楽ライブイベントでもっとも異なるのはいかなる点であろうか。それはやはり音楽が鳴り響く場の空間性と身体性だ。確かにオンライン上においても、文字でコメントを書き込んだりスタンプを連打したりするなどして、擬似的に同じ時間、同じ空間を共にしている

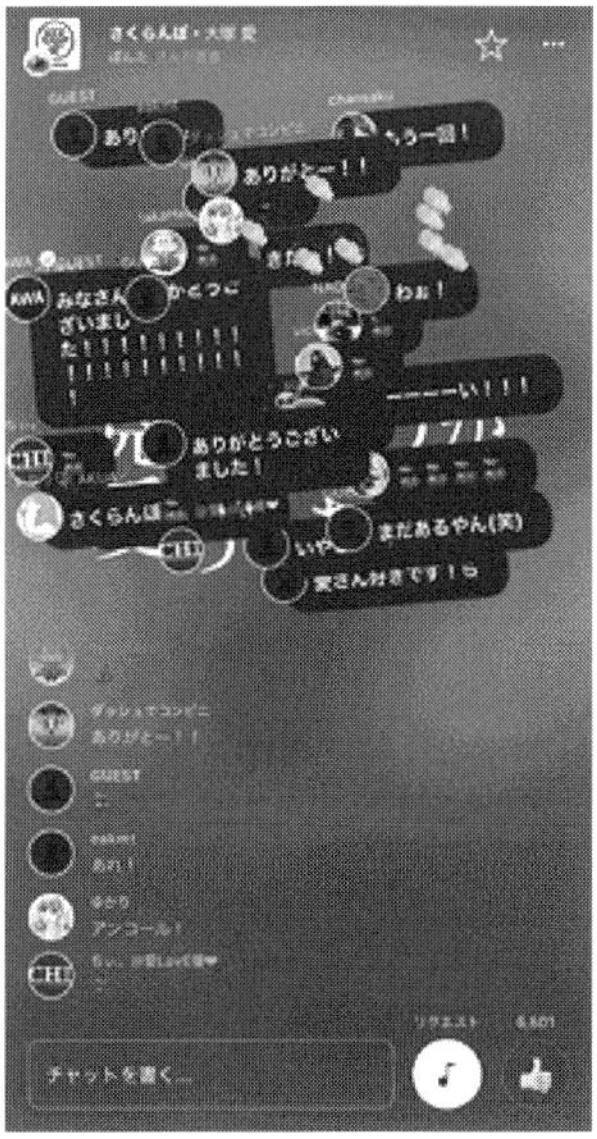

図５-２　AWA「LOUNGE」の様子

出所）AWA プレスリリース「音楽プラットフォームの「AWA」誰かと一緒に楽しむ新しいリアルタイム音楽体験『LOUNGE』を正式提供開始」（2021年３月９日）https://prtimes.jp/main/html/rd/p/000001203.000022425.html（2022年４月30日最終閲覧）.

感覚を得ることは可能だと考えられる。しかしながら、ライブ会場に実際に足を踏み入れ、会場の空気や自分以外の客の熱気を直接肌で感じ、スピーカーから流れるアーティストの歌声に耳だけでなく身体全体を震わせるような体験はそこにはない。

また、夏フェスについて分析したレジーが「(近年の)フェスの現場は仲間同士で一体感を楽しむためのお祭りになりつつある」(レジー 2017：240)と述べたように、特に近年の音楽フェスの場は音楽のみならず、レジャーの場としても定着しつつある。それは「音楽だけを楽しみたい人たちの居場所が少しずつなくなろうとしている」(レジー 2017：240)とも言えるかもしれないが、アーティストのステージはもちろん、音楽に包まれた空間の中で「フェス飯」と呼ばれる食事や、参加者同士のコミュニケーションを楽しむ様子は、まさに「祝祭」だ(永井 2016)。もちろん、個々の音楽ライブイベントにおける空間性や身体性のあり方には、南田(2021)が鑑賞派／プレイ派に分けて分析を行ったように、オーディエンス側の嗜好や、音楽ライブイベント自体の特質も関わってくるだろう。しかし、「音の響きによって満たされ、作りあげられる空間」において、「集まったわれわれ一人一人が包みこまれ(山田 2017：183)「おのずと多様な感覚相に接近する」(山田 2017：191)体験は、どの音楽ライブイベントにおいても少なからず存在する重要な特質である。

それでは、音楽ライブイベントにおいて集団で享受される音楽について、録音された音楽といわゆる「生」の音楽を比較した場合はどうだろうか。実際、録音された音楽を集団で聴くという行為は、歴史を遡るとレコードが普及して以来さまざまなところで行われてきた。(7) 現代でもホールや映画館においてライブ映像やミュージックビデオが上映され、それを集団で楽しむイベントが多数開催されている。(8) 山田陽一は、「テレビやパソコンでMTVを観たり、携帯用のデジタル音楽プレイヤーからヘッドフォンをとおして音楽を聴いたり、スタジオのなかで音楽を録音してそれをCD化する状況などは、ライヴとは言えない」(山田 2017：69)とする一方で、「たとえ録音された音楽であっても、それが人々の集まった場所や空間で再生され、音楽が集団的に聴取されるのであれば、その状況はライヴだ」（山田 2017：172）と述べる。確かに、録音された音楽であっても集団的享受が成立しているならば、先に挙げた音が鳴り響く場の空間性やオーディエンス同士の間での身体性は成立する。それでは、そのような条件下での、録音された音楽とアーティストによる生演奏との違いとは一体いかなるものであろうか。それはベンヤミンの言葉を借りるならば、「アウラ」が存在するか否かということになるのだろうが、次項ではアーティストによるパフォーマンスが持つ性質および、アーティストとオーディエンスの関係に着目してみたい。

（2）その場限りのパフォーマンスにおける一回性・相互作用性

まずは、アーティストによるパフォーマンスの持つ性質について検討するために、YouTube チャンネルの「THE FIRST TAKE」に着目したい。「THE FIRST TAKE」は、一発撮りで収録されたアーティストのパフォーマンス動画を、不定期で公開しているチャンネルである。「THE FIRST TAKE」のホームページのトップページには、複数のアーティストの写真および歌唱動画が次々と切り替わる中、以下の文言が並ぶ。


ONE TAKE ONLY.／ONE LIFE ONLY.／一発撮りで、音楽と向き合う。

白いスタジオに置かれた、／一本のマイク。

ここでのルールは、ただ一つ。／一発撮りの／パフォーマンスをすること。／それ以外は、何をしてもいい。

一度きりのテイクで、／何をみせてくれるだろうか。

THE／FIRST／TAKE〔／は改行〕

「一本」「一つ」「一発撮り」「一度きり」という単語に加え、「THE FIRST TAKE」の表記に関しても「FIRST」

の「I」がアラビア数字の「1」になっており、この企画のコンセプトである一回性が強調されている。企画を行ったクリエイティブディレクターの清水恵介は「ライブで体験するような〝再現性のない音楽の楽しみ方〟にこそ、価値があるのではと考え、一発撮りで音楽に向き合うYouTubeチャンネルの企画をたて」たと述べている(9)。また、「THE FIRST TAKE」で採用される曲は、巷でよく知られているという意味でそのアーティストの代表曲であることが多いが、元の音源とは異なるアレンジで披露される。収録映像であるにも関わらずリテイクができないことに加え、その場限りのアレンジという一回性、再現不可能性を映像に込めようとしていること、そしてそれらの性質が「ライブで体験するような」と形容されている点が注目に値する。

「THE FIRST TAKE」の動画を実際に観てみると、マイクの前に立ったアーティストは一度きりのテイクを前に、身体をほぐしたり楽器の音に合わせて音をとったりと、その様子からは独特の緊張感が伝わってくる。もちろん「THE FIRST TAKE」はYouTube上の動画であるため、実際は映像自体を繰り返し観ることは可能である。しかし、だからこそ本来は決して巻き戻すことができない、パフォーマンスの一回性や再現不可能性という音楽ライブイベントの持つ特質を浮かび上がらせてくれるようにも思われるのだ。ただ、もちろんオンライン上における音楽享受であっても、ディレイ配信等のない生放送のみであったならば、パフォーマンスの一回性および再現不可能性は担保される。また、たとえ録音された音楽・録画された映像だとしても、それを享受する側に着目してみると、一回目にそれを楽しんだ際と二回目以降ではその感覚に違いがあるという見方もできるだろう。よって、音楽ライブイベントにおける「生」の音楽の特質を語るにはこれだけでは十分とは言えない。そこで着目したいのが、音楽ライブイベントにおけるアーティストとオーディエンスの関係だ。

前述したように、コロナ禍以前のライブ市場は年々拡大傾向にあったが、柴(2016)は、その要因について次のように分析する。「いつでも、どこでも、無料でそれを楽しむことができる。そういうタイプの「コンテンツ」の供給が爆発的に増えたことで」「「その時間、その場所」でなければ行えない」体験、すなわち「アーティストとオーディエンスの一回限りのコミュニケーション」の価値が相対的に高まったというのだ（柴 2016）。ここで言う「コミュニケーション」はパフォーマンス中にアーティストが行う「煽り」や曲中のコール＆レスポンス、MCということだけに留まらない。アーティストのパフォーマンスに対してオーディエンスが何らかの反応を示し、それと同時にアーティスト側もオーディエンスから影響を受けるような相互作用的なあり方だ。録音された音楽については勿論、たとえアーティストの演奏が生中継されていたとしても、オーディエンス側の反応をアーティストがオンラインで即座に感じ取ることは難しい。それは、アーティストとオーディエンスがともに「いま＝ここ」を生きていなければ感じ得ないものである。アーティストのパフォーマンスの一回性・再現不可能性という性質に加え、このような「パフォーマーや聴き手の身体が相互に作用しあう」ことによって絶えず変化していく「流動性」（山田 2017：189-190）こそが、音楽ライブイベントにおける「生」の音楽の特質であると考えられる。[10]

3　「生のエンターテインメントの代替」問題再考

これまで、音楽ライブイベントの特質をオンライン上における音楽享受と比較しながら検討してきた。音楽ライブイベントには集団で音楽を享受する際の空間性・身体性、とりわけそこでの「生」の演奏には、アーティストのパフォーマンスの一回性・再現不可能性に加え、アーティストとオーディエンスの相互作用性を伴う流動性が存在することを確認した。ここで、前述した「インターネット配信は生のエンターテインメントの代替手段になるか否か」という問い――答えはもちろん否であるが――を再考するにあたって、上記の点に加えて、音楽ライブイベントが持つ偶然性という性質を付記しておきたい。

音楽ライブイベントなどの場においては、必ずと言っていいほど偶然性がつきまとう。例えば、フェスで当初は観る予定のなかったアーティストの演奏を偶然耳にしたり、複数のアーティストが出演する「対バン」と呼ばれるライブにおいて、当初の「目当て」以外のアーティストのパフォーマンスに思いのほか興味を惹かれたりという経験のある人は少なくないのではないだろうか。これは、音楽を享受するオーディエンス側だけでなく、アーティスト側にとっても同様である。音楽ライブイベントの機会が失われるということは、アーティストとオーディエンスの偶発的な出会いが担っていた側面が失われるということであり、そのことはアーティストの活動やキャリアにも少なからぬ影響を与えるものになるだろう。

そこでやはり考えなくてはならないのは、「ほとんどのロック系ミュージシャン」の「ライブ活動のキャリアのスタート地点」であり、「音楽文化を下支えする役割を持ちつつも、独自の文化と価値観を持って発展を遂げてきた」（中野 2017：160）ライブハウスなどの劇場施設、およびアーティストやアーティストのステージを支える人々への支援の問題だ。オンラインライブの市場規模が拡大し、有観客のライブイベントも一定数行われるようになったとはいえ、それは従来の音楽ライブイベントの市場規模には遠く及ばない。特にオンラインライブについては、知名度の高いアーティストならいざ知らず、そうでないアーティストにとって十分な収益を得ることは困難である。また、アーティストのステージを支える人々についても、二〇二〇年における分野別の売上減少幅は前年比で、音響が七三%減、照明が六〇%減、美術や大道具が七九%減、舞台監督・進行が七五%減、運営補助が八八%減と、厳しい状況に置かれている。(11)

音楽の享受方法が多様化したとは言うものの、やはり音楽ライブイベントにしか持ちえない特質は存在し、オンラインでは活動を続けることが経済的に難しいアーティストや、そもそもオンラインに馴染まないスタイルのアーティストが切り捨てられて良いはずがない。文化の裾野を守っていくためにも、適切な支援と補償が行われることを切に望む。

おわりに

以上、音楽ライブイベントにおける音楽享受とは一体どのような体験であるのか、また、その体験は他のさまざまな音楽享受のあり方と比べていかなる特質を持ちうるのかについて、コロナ禍の状況をふまえつつ検討してきた。思えば、二〇一九年までは多いときで年間百本以上の音楽ライブイベントに足を運んでいた筆者も見事にコロナ禍の煽りを受け、イベントの開催自粛要請が出された二〇二〇年二月二六日以降、暫くはチケットの払い戻しや、ホテルおよび交通手段のキャンセル手続きをする日々が続いた。イベントの中止または延期が発表される度にスケジュール帳に×を書き込みながら、暗澹たる思いを抱いたことをよく覚えている。

その後も度重なる緊急事態宣言および長引く自粛ムードの中で、従来のような有観客の音楽ライブイベントの開催を行うことは難しく、筆者が「推し」（「推し」については第4章を参照のこと）ているアーティストたちも、次々とオンラインライブの開催へと踏み切った。もちろん、困難な状況の中でどうにかして音楽を届けようとしてくれたこと自体には今でも感謝しているし、本章第1節で検討したオンラインライブの良かった点（移動の必要がない点、普段は観られないアングルでライブが観られる点など）については筆者自身も感じたところである。とはいえ、やはりオンラインライブは音楽ライブイベントの代替には決してなりえないと切に感じたし、アーティストらが思うように音楽活動が出来ていない状況や、ライブハウスの閉店およびアーティストの活動休止・解散の知らせに触れる度に、いち音楽ファンとして音楽シーンに対する危機感を募らせた。コロナ禍において抱き続けたそれらの思いが、本章執筆の動機になったことは言うまでもない。

技術の進歩や時代状況などの影響を受けて、音楽を享受する方法は現在進行形で多様化している。コロナ禍以降、オンラインライブを行ったアーティストの中には「オンラインでしかできないものを届ける」ことを掲げていたアーティストも少なくなかったように思われる。繰り返しになるが、そのこと自体はむろん否定するべきものではないし、各々の方法について優劣を語ろうなどという意図も一切ない。また、音楽ライブイベント・オンラインライブどちらに関しても、本章では個別のケースの検討が出来なかったことは今後の大きな課題である。しかしながら、本章で検討してきた、オンラインでは代替できない、音楽ライブイベントでしか享受できない音楽のあり方があることもまた事実である。それらを改めて見つめることが、これまで築き上げられてきた豊かなライブ文化を守っていくことに少しでも寄与出来れば幸甚である。

また、筆者は現在保育系の専門学校の教員をしているが、学生たちと接する中で、コロナ禍の学校生活において彼女らが経験してきたこと、経験せざるをえなかったこと、あるいは経験できなかったことに思いを馳せることが少なくない。特に、経験できなかったことに着目するならば、学校行事やグループワーク等はもちろんのこと、たとえ講義系の授業であったとしても、同じ教室で時を過ごすことの意味を改めて考えさせられる。オンライン授業から対面授業に戻った現在、この約二年間の学校教育のあり方を改めて問い直しながら、日々の授業づくりを行っていく所存である。

注

（以下、注および引用・参考文献ともにWebページの最終閲覧日は二〇二二年五月五日である。）

（1）　本章では、音楽の送り手（録音された音楽を流す行為も含む）と受け手（オーディエンス）が同じ場に集うイベントのことを「音楽ライブイベント」と呼び、オンラインライブ（配信型ライブ）と区別する。

(2) 定額制音楽配信サービスとは、パソコンやスマートフォンのアプリを利用してインターネット上の楽曲リストにアクセスする、定額制（サブスクリプション型）の音楽ストリーミングサービスのことである。一定期間の利用権として決められた額を支払うことで、数千万曲を超えるデータベースの中から再生する権利を獲得することができる（日高 2019：171）もので、具体例としては、Apple Music や LINE MUSIC、Spotify、AWA などがある。

(3) #SaveOurSpace「東京都知事選二〇二〇—候補者へ聞きたいこと」https://save-our-space.org/tokyogovernorelection2020/

(4) この調査では「ライブ配信」「リアルライブ」という表現がなされている。それぞれ本章で述べる「オンラインライブ」「（「生の」パフォーマンスが行われる）音楽ライブイベント」と読み替えた上で考察を行う。

(5) 日経新聞デジタル「サザンが初の無観客配信ライブ—約五〇万人が視聴」（二〇二〇年六月二五日）https://www.nikkei.com/article/DGXMZO60817470V20C20A6000000/

(6) 本章では、音楽を楽しむにあたって聴取のみならず視聴の側面が大きくなっている現状に鑑み、「音楽享受」という語を用いている。

(7) 戦前のさまざまな学校においても、レコードの音に集団で耳を傾ける「レコードコンサート」を行ったという記録が残っている。例えば「二、レコード、コンサート」（富山県師範学校附属小学校編 1927：291-298）など。

(8) 例えば、女性向けアイドル育成プロデュースゲーム『あんさんぶるスターズ!!』の楽曲のミュージックビデオを上映する「ES Music GARDEN」というイベントにおいては、高画質・高音質での映像上映のみならず、会場の照明が映像と連動し、また、ペンライトなどのライブグッズも販売された（4Gamer 女子部（仮）「独占レポート！「あんスタ!!」の新たな音楽イベント「ES Music Garden」@TACHIKAWA STAGE GARDEN の模様を全曲紹介」（二〇二一年三月二一日）https://www.4gamer.net/games/308/G030807/20210326037/）。

(9) 「アートディレクターの清水恵介が『THE FIRST TAKE』に企画・クリエイティブ・ディレクションとして参加」（二〇二〇年四月二九日）https://www.tbwahakuhodo.co.jp/news/200425-tft/

(10) 本章では「生」の音楽と録音された音楽を対比的に論じたが、録音された音楽を巧みに操る DJ については太田（2019）を参照。

(11) 朝日新聞デジタル「「食えない」「みな億単位の借金」限界でもがくステージの裏方たち」（二〇二一年九月一日）https://www.

asahi.com/articles/ASP80639KP80UCVL001.html

文献

井手口彰典『ネットワーク・ミュージッキング――「参照の時代」の音楽文化』勁草書房、二〇〇九年。

avex portal「音楽プラットフォームの「AWA」誰かと一緒に楽しむ新しいリアルタイム音楽体験『LOUNGE』を正式提供開始」（二〇二一年三月九日）https://avexnet.jp/news/detail.php?id=1007082

円堂都司昭『ソーシャル化する音楽――「聴取」から「遊び」へ』青土社、二〇一三年。

太田健二「「コト消費」と「現場」――クラブカルチャーからみる「現場」の変容」粟谷佳司、太田健二ほか『表現文化の社会学入門』ミネルヴァ書房、二〇一九年、一一四―一三五頁。

厚生労働省「イベントの開催に関する国民の皆様へのメッセージ」https://www.mhlw.go.jp/stf/seisakunitsuite/newpage_00002.html

小杉亜衣・齋藤佑真・三村咲「COVID-19の反転――集団と「ひとり」をかんがえる」『音楽教育実践ジャーナル』三二号、二〇二一年一二月、一六―二四頁。

柴那典『ヒットの崩壊』講談社、二〇一六年。

新型コロナウイルス感染症対策本部「新型コロナウイルス感染症対策の基本方針」（二〇二〇年二月二五日）https://www.mhlw.go.jp/content/10900000/000599698.pdf

SKIYAKI『音楽ライブ配信についての意識調査レポート』（二〇二〇年九月九日）https://skiyaki.s3.amazonaws.com/uploads/ckeditor/attachments/300865/_音楽ライブ配信に関する意識調査レポート_Bitfan_LiveFans_20200909.pdf

瀧川淳・古山典子「オンラインライブコンサートの教育効果と可能性について―「ケンゲキオンラインスクール」を鑑賞した教師の自由記述回答の分析から」『音楽教育実践ジャーナル』三二号、二〇二一年一二月、五二―六一頁。

東京都「アートにエールを!東京プロジェクト（個人型）」https://cheerforart.jp/

――――「アートにエールを!東京プロジェクト（ステージ型）」https://cfa-stage.jp/

富山県師範学校附属小学校編『ホーム組織の学校経営』東洋図書、一九二七年。
永井純一『ロックフェスの社会学―個人化社会における祝祭をめぐって』ミネルヴァ書房、二〇一六年。
――「Communication：音楽を介した友人関係」南田勝也ほか『音楽化社会の現在――統計データで読むポピュラー音楽』新曜社、二〇一九年、八九―一〇七頁。
中野哲「東京ライブハウス文化の転換と再構築――中規模店舗のブッキングイベントを事例に」毛利嘉孝編『アフターミュージッキング――実践する音楽』東京藝術大学出版会、二〇一七年、一五五―一八三頁。
日本レコード協会『二〇二〇年度音楽メディアユーザー実態調査報告書』（二〇二一年四月二七日）https://www.riaj.or.jp/f/pdf/report/mediauser/sofuser2020.pdf
ぴあ総研「二〇二〇年の有料型オンラインライブ市場は四四八億円に急成長。～ポスト・コロナ時代は、ライブ・エンタテインメントへの参加スタイルも多様化へ／ぴあ総研が調査結果を公表」（二〇二一年二月一二日）https://corporate.pia.jp/news/detail_live_enta_20210212.html
――「音楽フェスの市場、九八％が消失。二〇二〇年の調査結果をぴあ総研が公表」（二〇二一年四月一六日）https://corporate.pia.jp/news/detail_live_enta20210416_fes.html
――「二〇二〇年一月～一二月のライブ・エンタテインメント（音楽・ステージ）市場規模は八割減／ぴあ総研が確定値を公表」（二〇二一年五月一三日）https://corporate.pia.jp/news/detail_live_enta20210513.html
日高良祐「表現行為としてのプラットフォーム形成―ネットレーベルとサブスクリプション型音楽配信サービスの諸問題」粟谷佳司、太田健二ほか『表現文化の社会学入門』ミネルヴァ書房、二〇一九年、一五七―一七八頁。
ベンヤミン、ヴァルター、野村修訳「複製技術時代の芸術作品」多木浩二『ベンヤミン「複製技術時代の芸術作品」精読』岩波書店、二〇〇〇年（＝Benjamin, Walter. 1936. *Das Kunstwerk im Zeitalter seiner technischen Reproduzierbarkeit.*）。
ボッツマン、レイチェル・ロジャース、ルー『シェア〈共有〉からビジネスを生みだす新戦略』小林弘人監修・解説、関美和訳、日本放送出版協会、二〇一〇年（＝Rachel, Botsman. and Roo, Rogers. 2010. *What's Mine Is Yours: How Collaborative Consumption is Changing the Way We Live*, HarperCollins Business.）。

南田勝也・木島由晶・永井純一・平石貴士『コロナ禍のライブをめぐる調査レポート〔聴衆・観客編〕』日本ポピュラー音楽学会、二〇二一年。

南田勝也「ライブゴアーは何を目的としてライブに行くのか」南田勝也ほか『コロナ禍のライブをめぐる調査レポート〔聴衆・観客編〕』日本ポピュラー音楽学会、二〇二一年、五—一五頁。

宮入恭平「ライブハウスの悲劇——文化か、それとも文化産業か」『国立音楽大学研究紀要』第五五巻、七五—八四頁、二〇二一年三月。

宮入恭平・佐藤生実『ライブシーンよ、どこへ行く——ライブカルチャーとポピュラー音楽』青弓社、二〇一一年。

山田陽一『響き合う身体——音楽・グルーヴ・憑依』春秋社、二〇一七年。

レジー『夏フェス革命——音楽が変わる、社会が変わる』blueprint、二〇一七年。

「#SaveOurSpace」https://save-our-space.org
「#WeNeedCulture」https://weneedculture.org/

「THE FIRST TAKE」https://www.thefirsttake.jp/

第6章

コミックマーケットという「場」

――「場の魔法」が起こった参加者と、それが解けた研究者の〈重なり〉――

山本　一生

はじめに

コミックマーケット（以下「コミケ」と略称、開催回数を表す際はCと略記する）とは、「コミックマーケット準備会[1]（以下「コミケット準備会」と略称する）が運営するイベントの名称であり、「主にはアニメ・漫画・ゲームその他周辺ジャンルの自費出版同人誌の展示即売会である」（立花他 2019：145）。同人誌とは、「個人が自分たちの作品の発表の場として編集発行する本」のことであり、営利目的ではないため基本的に商業的な流通に乗らず、配布形態が限定的である[2]。マンガやアニメの二次創作[3]をはじめ、一次創作（オリジナル作品）や評論、音楽・小物・ゲーム・グッズなど、必ずしも「コミック」に限らない多種多様なジャンルが一堂に会するのがコミケである。コミケの理念は、コミケット準備会によって「コミックマーケットは同人誌を中心としてすべての表現者を受け入れ、継続することを目的とした表現の可能性を拡げるための「場」である」と定義されている（コミケット準備会 2013：2）。このように「表現の場」としての位置づけが重視されてきた。この「場」は、開催当日午前十時の開場とともに現れ、午後四時（最終日は午後三時）に消失する。

本章のねらいは、私自身のコミケ体験という個人的な体験を通して、コミケット準備会が提起する「場」とは何か、問題提起を行うことにある。それは、あくまで一参加者としての立場からの考察であり、コミケット準備会といった運営側の公式見解とは関係がないことをあらかじめ付言する。

コミケは一九七五年一二月に始まった。現在の開催時期は、およそ八月のお盆の時期に行われる「夏コミ」と、年末に行われる「冬コミ」という年二回である。初期コミケでは開催が不定期だったが、C26から現在の「夏コミ」「冬コミ」という開催スケジュールになった（コミケット準備会 2015：28）。第一回の参加者は推定七百人だったが、二〇一九年には「夏コミ」参加者が七三万人、「冬コミ」参加者が七五万人という規模となった。これほどまでに大規模なイベントとなりながらも、コミケット準備会は「表現の場」への重視を意識的に継続してきたことも興味深い。

そこで本章では「場」に参入する意味を、参加者の立場から考えていきたい。その方策として、私自身の体験を振り返ることで、「何を楽しんでいたのか」と反省的に捉え返したい。さらに、周知のように二〇二〇年初頭からのコロナ禍により多くの行事イベントが中止や延期に追い込まれた。コミケもまた、開催が中止され、「場」のあり方の再考を余儀なくされた。コミケの「代替」としてオンライン上でのコミケを行う「エアコミケ」が行われたが、これはコミケという「場」をオンライン上で再現したか、という点もまた問題提起したい。

コミケに関する先行研究を見ると、岡安他がコミケの「理念」に着目し、その変遷と機能を歴史的に検討した（岡安他 2011）。玉川は準備会スタッフに着目し、ファン活動の「場」としてコミケを検討しており（玉川 2007）、本章の関心とも近い。

また、コミケを二次創作の創出の場とした研究として立花他による研究と、飯塚による研究がある。立花他の研究では、作品作りに対して二次創作者がどのように向き合っているかインタビュー調査を行った（立花他 2021a）。

図6－1　現在コミックマーケット会場となる東京ビッグサイト（国際展示場）

出所）2021年12月30日筆者撮影．なお，以下全ての写真において画像を一部加工している．

飯塚は読者と投稿者による共同体形成の観点から二次創作の展開を歴史的に検討し、コミケの急成長の原動力として二次創作があったと言及している（飯塚 2015：68；81）。

このように先行研究が蓄積しつつあるが、コミケの規模の大きさ、開催回数の多さの割には「場」そのものへの注目度はまだ低いように思われる。そのため、本章のような「場」に着目した考察は、コミケ論に新たな視座を提示できると考えている。さらには「場」に参入する意味を考察することで、コロナ禍によるオンライン化が急激に進展した近年の状況を捉え返す視座も提示できると考える。

1　日本で最大規模の同人誌即売会としてのコミケ

第一回のコミケは、虎ノ門にあった日本消防会館二階会議室で一九七五年一二月二一日午前十時半から午後五時まで開催された。参加者は推定七百人だった（コミケット準備会 2015：4-6）。コミケ開催のきっかけは、既存のイベントが排他的・閉鎖的な状況となっていたことである。そのため、告知の際には対抗的に「交流の場」が強調された（コミケット準備会 2015：6）。霜月が「コミケットが開かれた場であるという真の意味は、この市場の持つ開放性である」と指摘したように、

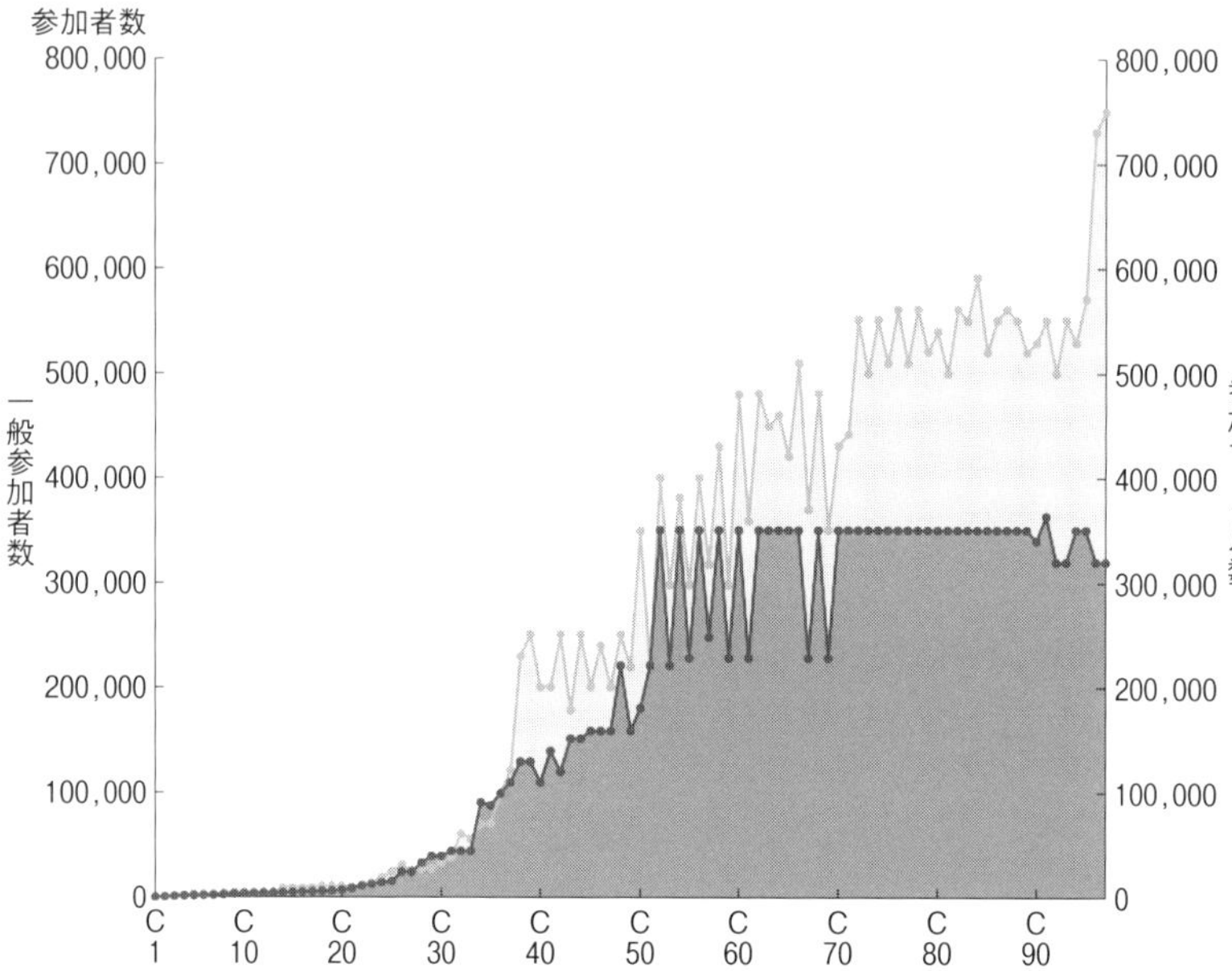

・東京国際見本市会場（晴海）＝東京国際見本市協会（A館＋B館＋C館）＋東京国際貿易センター（東館＋南館＋新館）

参加サークル数　一般参加者数

図6-2　コミックマーケット参加者の変遷

出所）コミックマーケット公式 web「コミックマーケット年表」https://www.comiket.co.jp/archives/Chronology.html#graph_area，2022年3月20日最終閲覧.

コミケは同人誌「即売会」という開かれたマーケットという場として出現することになった。さらに、「人が出会い、交わり、新たな関わりが生まれる解放された空間。空間自体が何かを生み出すようなエネルギーをはらんだ場」という「広場」としての意味も含まれた（霜月 2008：131-133）。その後二〇一九年一二月に開催されたC97（東京ビッグサイト会場）では、サークル数約三万二千、参加者総数はのべ七五万人にまで規模が拡大した（図6-2）[4]。こうして日本で最大規模の同人誌即売会へと成長した。

　コミケの理念として、コミケット準備会は以下の三点を『コミケットマニュアルC86』（二〇一三年版）[5]に挙げている。第一に、「コミックマーケットは、サークル参加者、一般参加者、準備会スタッフ参加者、企業参加者等すべての参加者の相互協力によって運営される「場」であると自らを規定し、これを遵守する」。第二に「コミックマーケットは、法令と最小限にとどめた運営ルールに違反しない限り、一人でも多くの参加者を受け入れることを目標とする」。第三に「コミックマーケットは、すべての参加者にとって「ハレの日」であることをねがい、これを継続していく」（コミケット準備会 2013：2）。

以上の三点について、それぞれ考察する。第一の点について、準備会スタッフもサークル参加者も一般参加者も企業ブース参加者も、みな対等な「参加者」であり、「お客様」は存在しないという理念を提示している。『コミケットマニュアル』にも「コミケットに「お客様」はいません」（コミケット準備会 2013：4）と明記されている。あくまで「参加者」が平等の立場で交流する「場」がコミケである。[6] この理念は、コミケット代表や準備会によるものではなく、全ての参加者によるものである（岡安他 2011：26）。そのためコミケでは作品を「販売する」のではなく、「頒布する」という表現が用いられている。このように「「マーケット」といっても市場の機能を果たすだけではなく、まんがファンの交流の場としてそれを成立させたうえで、そのような場を持続・発展させていかなければならない」（霜月 2008：22）。「交流の場」として自己規定することにコミケの特徴がある。

第二の点について、コミケの開催の経緯が参加拒否問題への対抗という側面があったことがこの理念の背景にある。この理念は「コミックマーケットは同人誌を中心としてすべての表現者を受け入れ、継続することを目的とした表現の可能性を拡げるための「場」である」[7] という文言にも見ることができる。一方で、コミケへの出展は趣味として活動するサークルに限定され、法人資格で発行・制作した物などを頒布することを禁じている（コミケット準備会 2013：10）。これが「最小限にとどめた運営ルール」の一例である。しかし、同人文化に寄与する企業や公的機関に対しては「企業ブース」への出展の機会が提供されている（コミケット準備会 2013：4）。このように法人を全て排除するのではなく、企業ブースという「場」が提供されることもコミケの特徴である。[8]

第三の点については詳しく考察する。コミケ準備会ではさらに以下のように定義している。それは「全ての表現を受け入れる自由な「場」としての空間」であり、かつ「日本的な祭祀性での「ハレの日」に近い、非日常の空間」（コミケット準備会 2015：4-5）という、空間概念に基づいている。コミケを「ハレの場」と位置付けたのは、準備会二代目代表としてコミケを牽引してきた米澤嘉博だという（霜月 2008：133）。

この点に関しては、中村雄二郎による「社会的時間」と「文化的時間」の区分が参考となる。中村は、「社会的時間」を「社会生活上の有効性によって区切られ秩序立てられた時間」とし、「文化的時間」を「人々の間の交感や同化によって循環とリズムが強化されるとともに、非実用的な価値と形式によって秩序立てられた時間」としている（中村 2000：271）。さらに「社会的な時間と名づけられたものは、社会生活上の機能的で実用的な時間、表層の時間であり、それに対して文化的な時間と呼んだものは、祝祭的な時間、深層の時間であるとも言いかえることができる」とした（中村 2000：272）。「社会的時間」と「文化的時間」の二つの時間は「日の出と日没、四季の移り変わりなどの自然な循環とリズム」を基礎とした「重層的な時間」（中村 2000：269-270）となっている。

中村の指摘を踏まえると、「コミケの場」は、夏と冬の年二回という循環で、午前十時から午後四時という「社会的時間」をきっかけとして出現し、それが「祝祭的な時間」という文化的時間が重なり合って立ち現れると言えよう。「ハレの日」という祝祭性については、稗島が吉見俊哉の議論を引いて「祝祭空間」としてのコミケを論じている（稗島 2003：116-117）。こうした祝祭的な時間に参入することこそ、「コミケという場への参加」となる。

こうした観点に基づけば、コミケット準備会は、「さまざまな創作者に創作者であり続けてもらえるような場を作り出すための団体」（立花他 2019：146）と位置づけられよう。そして「コミケという場」は、四十年以上の月日を重ねることで「プロ・アマチュア問わず誰もが表現者、創作者となって多様な作品をこの世に生み出す」（立花他 2019：148）ような「場」として成熟していった。そこで重要となるのが、準備会スタッフという三千人を越える規模のボランティア集団の存在である。(9) コミケ参加者としての準備会スタッフの運営により、「自分たちの場」を維持していくことが共有され、それがコミケの継続につながった。「コミックマーケット準備会は、次第に至近の目的を「場を創る」から「場の維持」へと変化させた」(玉川 2007：39)。さらに「ファンでありながら全体に寄与するスタッフ参加者という概念を作り、場の維持を目的化することに成功したことが、コミックマーケットの長期にわたる開催を支えることになった」(玉川 2007：48)。

「自分たちの場」の維持という点は、コミケは「必ずしも貨幣を媒介とした取り引きのみに寄らない互酬の論理」に基づいており、「一般の文化経済における市場構造とは異なる、一種の現代に顕れたアジールのような趣」があるという指摘と重なる(立花他 2021b：142-144)。営利という「一般の文化経済」をハレの対概念である「ケ」であるとするなら、コミケは「アジール」のような、「ハレの日」という祝祭性を帯びた空間と言える。逆に言えば、コミケに参入するためには、こうした「ハレの日」を「自分たちの場」とみなす意識が参加者に求められることになる。

一方で飯塚は大手サークルによって同人誌印刷会社を含む「同人界」が産業化し、その利益を享受する参加者たちが「コミケの場」を維持しようと支えてきた側面を指摘する(飯塚 2017：103)。さらに「コミケという「場」は、マンガを売り買いする場として必要であったし、何よりコミケは楽しい祝祭空間であった」。しかし一方で、参加者の急増に対処する中で「祝祭空間としての「場」を維持するためには、権力と対立することはできず、妥協的・協調的にならざるを得なかった」(飯塚 2017：101-102)と指摘する。ここでの「権力との対立」とは、性描写をめぐる課題のことである(飯塚 2017：107)。以上見てきたように、コミケには「祝祭空間」としての「場」という特徴もある。

コミケの構成要素は大きく分けて三つある。それは①企業ブース、②コスプレ広場、③同人誌即売会会場である。同人誌即売会会場はジャンルによってブース配置を分けられている。企業ブースは「新商品などの宣伝の場」であり、いわゆる物産展に近いイメージだろう。[10]コスプレ広場は、老若男女問わずマンガ・アニメ・ゲームの登場人物に扮して自己表現をする場である。コスプレ広場は、コスプレイヤー（一般に「レイヤー」と略される）と、撮影者で構成される。レイヤーはキャラをイメージしたポーズを取り、撮影される。近年は外国人レイヤーや外国人撮影者の参加も増えている印象がある。[11]

2　コミケへの参加について

なお、一般参加の入場自体は無料だった。しかし二〇一九年夏コミ（C96）で東京オリンピック・パラリンピック準備のために会場面積減少による収入減と初めての四日間開催に伴う支出増より有料化された。[12]

参加するためにはまず、会場である東京ビッグサイト（国際展示場）に向かう。交通手段はバスや新交通ゆりかもめなどさまざまあるが、私はＴＷＲ（りんかい線）国際展示場駅から向かうことが多い。国際展示場駅で降りると、同じようにコミケに参加する人でごった返している（図６‐３）。しかし、駅員の指示に従って列を乱すことなく整然と駅舎を出て東京ビッグサイトに向かう。

一般参加者とサークル参加者は事前に「コミックマーケットカタログ」（以下「カタログ」と略記し、カッコを用いない）と呼ばれる、注意事項やサークル情報をまとめた冊子を入手し、事前に行き先をチェックする。一般参加者は、どのサークルをどの順番で回るか、その移動ルートをカタログに付属している「マップ」に書き込み、どのルートで回るか動線を考えながら待機列で開場を待つ。一方でサークル参加者は、自分の「ブース」の配置を確認する。

机半分を「ブース」として借り、そこに自身の頒布物（同人誌、グッズその他）を陳列する。新刊としてコミケで頒布する作品を見本誌として準備会スタッフに提出する。[13] こうして、午前十時の開場を待つ。

コミケという「場」は、当日午前十時に開場のアナウンスと共に発生する「拍手」で現れ、午後四時（最終日は午後三時）の閉場のアナウンスに伴う「拍手」と共に消失する。[14] このように「拍手」の共有により、「祝祭的な時間」という「文化的時間」が出現する。「拍手」で開場すると、それぞれの目的地に向けて一般参加者の移動が始まる。スタッフ証と腕章を付けた準備会スタッフが誘導し、走る参加者に注意する。準備会スタッフの誘導も巧みであり、ユーモアを交えた誘導は参加者の画一的行動を促し、危機回避に貢献する。

図6－3　国際展示場駅から東京ビッグサイトへ向かう

出所）2016年12月31日筆者撮影.

参加者としては理念上「対等」ではあるが、ブースの配置は混雑回避のための導線を確保する目的で、大手サークルのブースを会場の壁際に寄せることがある。一般に「壁サークル」と呼ばれ、長蛇の列ができる。会場内で列を処理することもあれば、会場内には留まることができないために、会場の外にまで列を誘導することもある（図6－4）。こうした「壁サークル」では、大手サークルの作家がしのぎを削り、大量に印刷された同人誌を頒布している。先の飯塚が指摘した同人誌の持つ商業性が発揮される「場」とは、主にこうした大手による「壁サークル」である。

一方で、会場内の内側に配置される「ブース」は「島中」と呼ばれ、ジャンルごとに分かれている。私自身、

図6－4　コミケ会場内での大手サークルの行列

左が会場内での行列，右が会場外での行列である.

出所）　2016年12月31日筆者撮影.

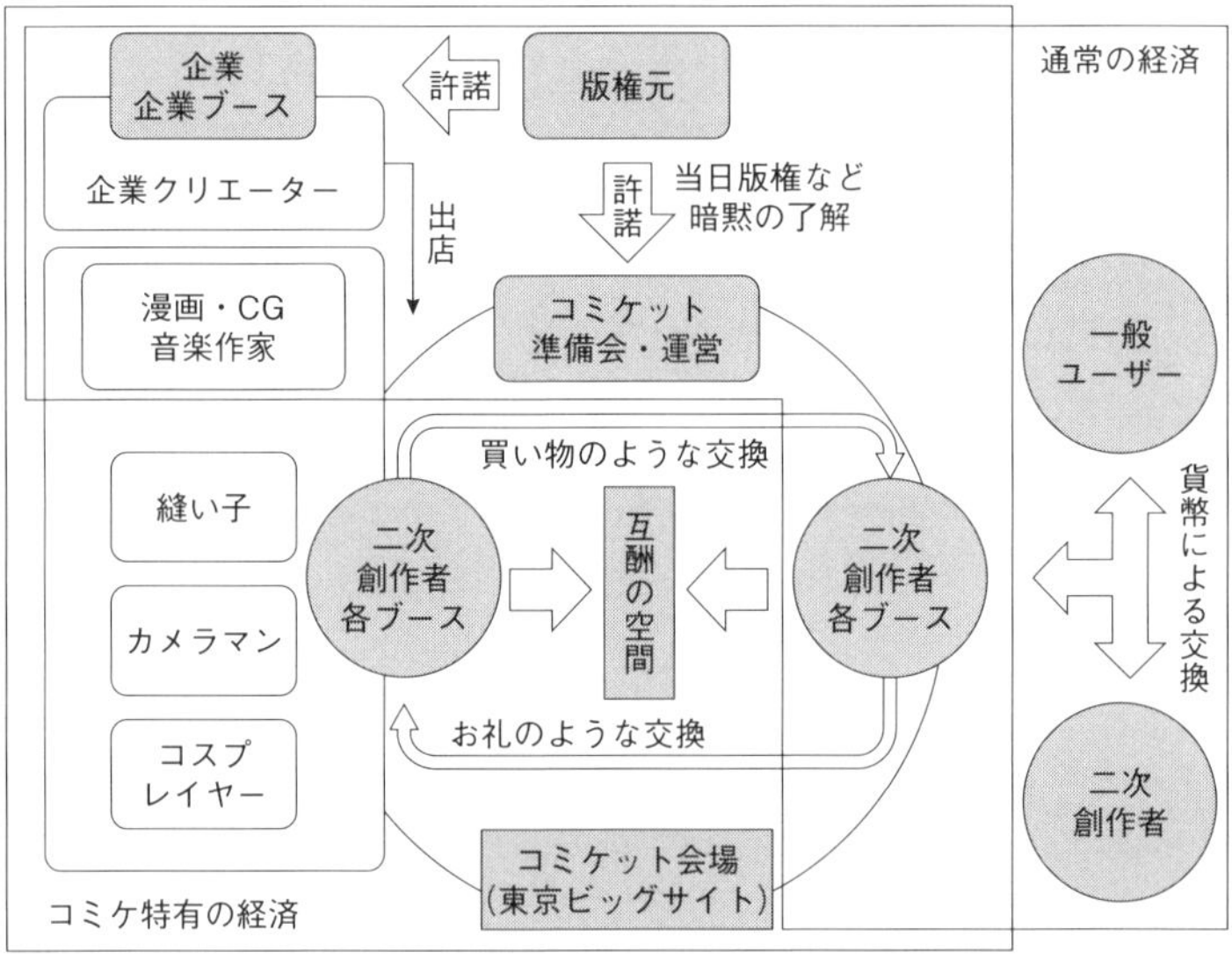

図6－5　コミケのマーケットとしての特徴

出所）　立花晃，井関崇博，岡元明希「二次創作市場の構造と創造的自律空間の形成に関する考察――コミックマーケットを事例に（下）」155号，2021年，143頁.

「島中」ブースでのサークル参加を十年以上にわたって行った。私が参加した時は、サークル参加費と手数料が計九千百円だった。同人誌印刷を専門に扱う印刷会社[15]を用いて印刷したが、個人で行う小さなサークルだったので、発行部数は五十部程度であった。それでも印刷費として新刊一冊を製作するのに一万五千円前後が掛かった。仮に一冊五百円で頒布すると、五十部が完売して初めて赤字ではなくなる。同人誌は薄いのになぜ高いのか、と疑問を感じる人がいるが、参加費と印刷代を頒布額に入れているために割高となる。それでも、私の場合は売れ残ることも多く、元手を回収すること自体が困難で、常に赤字であった。とはいえ、私は赤字の解消を目指さなかった。稗島は「利益を上げることを最初から放棄するコミックマーケット参加者の経済観念」があったことを指摘した（稗島 2003：118）。私もこうした参加者の一人だった。

　と同時に、一般参加者から「前のコミケで入手した本、よかったよ」と声がけされ、作品についてのコメントを直接受けることが楽しみだった。前述のように、コミケは「マーケット」という名称ではあるが、必ずしも商業性だけを目指す「場」ではない。コミケが実現してきたこととしてコミケット準備会は「受け手の反応・感想が表現者に直接伝わる同人誌即売会という場を継続することで、表現者の成長や意欲向上に寄与して」きたことを挙げている（コミケット準備会 2013：3）。また、「コミケ参加者の中には、創作者としてよりよい質の創作物を作るよりもこうして仲間と話すきっかけのための創作活動も数多く存在する」という指摘がある（立花他 2021a：142）。私は、まさにここにあるような喜びを体験していた。「必ずしも貨幣を媒介とした取り引きのみに寄らない互酬の論理に基礎を置く人間関《ママ》をもとにした市場構造」（立花他 2021b：142）という特徴を立花他が（図6-5）のようにまとめている。中心に「互酬の空間」を位置づけ、そこに創作者たちが「買い物のような交換」と「お礼のような交換」を行っているという指摘は、ブースでの私の体験と重なる点である。

3　東京オリンピックによる延期とコロナ禍による中止

二〇二〇年の夏コミとなるはずだったコミックマーケット98（C98と略記）は、紆余曲折の末に中止を余儀なくされた。夏コミは例年八月中旬に行われていたが、二〇二〇年の東京オリンピック開催に伴い、C98は五月の連休に日程変更が行われた。二〇二〇年五月二日から五日までの四日間の開催予定だった。しかし新型コロナ感染拡大による緊急事態宣言の発令を受け、C98の開催中止が決定される。

中止を受けて二〇二〇年四月二八日に「エアコミケ」のサイトが開設され、二〇二〇年十月二二日に「エアコミケ2」のサイト、二〇二一年四月一四日に「エアコミケ3」のサイトが開設された。「エアコミケ2」の企画者に拠ると、「東京ビッグサイトでの同人誌展示即売会というリアルなイベントとしてのコミックマーケット98は開催中止となりましたが、その「コミックマーケット98」という証を残すべく、「がんばろう同人！」プロジェクトの一環として、コミックマーケット準備会及び関連企業・団体さんが「エアコミケ」企画を実施します。」という趣旨である。(16) また「エアコミケ3」は「2回開催してきましたエアコミケを、コミックマーケット99の開催延期に伴い開催します！」と、「エアコミケ」の継承を宣言した。(17)

具体的な活動は、SNSで「#（ハッシュタグ）エアコミケ」と付けて頒布情報を共有する試みである。こうして時間と空間を越えて、サークルの頒布情報を共有しやすくしたのである。また、コミケが開催される予定だった期間に、同人誌を扱う専門書店や企業ブースのキャンペーンやコスプレ写真の共有を行った。SNSでの頒布情報発信（一般に「告知」という）は開催中止となる以前より行われていた。その形式を踏襲し、「エアコミケ」という形でオンラインのみでの開催を試みようとした。

確かにコミケット準備会など関係者の努力を否定することはできないが、やはりオンラインでの「コミケの場」の再現は不可能と私は考えている。この点は、本書第5章での音楽ライブイベントでの「空間性」と「身体性」の議論とも重なる。では、なぜオンラインでのコミケ開催は代替にならないのか。第一にコミケという「場」のもつ偶然性という「直接経験」の観点、第二にエアコミケの商業性の観点が挙げられる。

第一の「直接経験」の観点を考える。「場」への参入という「直接経験（一次的経験）」（エドワード・S・リード）[18]があって初めて、「エアコミケ」という「間接経験（二次的経験）」が「代替」として機能する。コミケに参加したという「直接経験」があるからこそ、当日午前十時の開会時間や午後四時の閉会時間をSNS上で共有することができる。そうすると、エアコミケで初めてコミケを知ったとしても、コミケへ新規に参入したことにはならない。あくまで、これまで参加したことがある人にとっての「代替」措置であった。

「直接経験は必ず自発的に得られた情報を使用している。間接経験といえども一般にある種の直接経験がもたらす情況から派生する」が、「その経験が間接的なものになるのは、必ず他人が選択した情報を取り入れるからである」（リード 2010：131）。リードに拠ると、「直接経験」の助けによってのみ「間接経験」を利用しうるとしている（リード 2010：195）。オンライン経由の間接経験には、他人が選択した情報が取り込まれている。本章のコミケに関する写真は私が撮影したが、これまでコミケに参加したことがない読者にとっては私という「他者」が選択した情報が提供されているに過ぎない。

リードの見解を踏まえれば、「ハレの日」という「コミケの場」に参入するとは、情報の選択を他者に委ねず、自発的に得られた情報を元に参加することを言う。個人的には、目当てとしていなかったグッズなど、「コミケの場」で偶然出会う作品を入手することが何よりも楽しみであった。こうした作品はオンラインで出展していることは稀であり、「コミケの場」でしか入手できない。玉川はコミックマーケット三十周年記念調査でのアンケートを基に「コミックマーケットにおいて対面の交流をすることや場の雰囲気を楽しむというインターネットでは不可能な側面に三割以上の参加者が魅力を感じている」(玉川 2007 : 45) と指摘している。コロナ禍以前の調査だが、この指摘は今も通じているのではないか。

次に、第二の商業性の観点について考える。エアコミケは共催企業のキャンペーンや、サークル情報の告知を中心に展開した。先の飯塚の議論を踏まえれば、同人誌の印刷数(頒布数)が多い大手サークルに有利な企画であり、商業性との親和性が高い。頒布数から「壁」と「島中」の区分があったことを先述したが、この企画は大手の壁サークルとは親和性が高かったように思われる。逆に言えば、「島中」サークルとの出会いは、オンラインでは非常に困難となってしまう。

以上の考察から、現状のオンラインでは、「コミケの場」における「偶然の出会い」という「直接経験」は再現不可能であると言えよう。さらには身体感覚も代替不可能である。特に、目当てでないサークルに立ち寄るといった「直接経験」は、代えがたいものがある。こうした偶然性と身体感覚という「直接経験」は、オンラインでは代替不可能であると思われる。

4 再開後のコミケ

二〇二一年一二月三〇日と三一日に、C99が二年ぶりに東京ビックサイトでリアルイベントとして開催された。以下では、私が参加して感じたことを振り返ることで、「場」への参入の意味を捉え返す。

私は都内で前泊し、友人のサークルを手伝うためにサークルチケットを持って会場であるビッグサイトへと向かった。埼京線に乗車していたが、りんかい線に乗り入れる大崎駅で乗客が入れ替わり、車内はコミケに向かうで

図6－6　コロナ前後のコミケ会場の変化（2019年と2021年）

2019年８月12日筆者撮影.　　2021年12月30日筆者撮影.

あろう集団で混雑した。私もその一員であることを嬉しく思った。

　国際展示場駅で大半の乗客が降り、駅員の誘導に従ってエスカレーターに進む時、「見慣れた景色」（すなわち、（図6－2）のような混雑である）を前に、「コミケよ、私は帰ってきた！」という感覚に襲われた。私がコミケという「場」に参入した瞬間であった。りんかい線の改札を抜け、（図6－1）のような東京ビッグサイトの逆三角形の建物が目に飛び込んできた。ビッグサイトに帰ってきたのだ。その姿は、当然ながらコロナ禍以前と変わらない。一方で、設営方法はコロナ感染対応のために多くの変化があった。まず入場に際して検温とワクチン接種証明の確認が追加された。ブースの間隔を広く取る、見本誌はスタッフへの手渡しではなく準備会が用意したポストに投函する形式に変更されるなど、「ソーシャルディスタンス」の徹底が図られていた。（図6－6）は同じ会場だが、コロナ前のC96とコロナ後のC99では、ブースの間隔も異なっていることが分かる。

　午前十時、開場アナウンスが流れた（図6－7）。第一声は『ただいま！』から始まり、会場内の参加者から大きな拍手が起こった。「ただいま！」というアナウンスには、日程変更と中止を余儀なくされ、コミケ開催への押さえ込んできた思いが込められているようだった。C99というコミケの「場」が出現することを祝福する拍手が、その感覚を共有していった。「『ただいま』には大きな意味と強い気持ちが詰まっており、アナウンスを聞いた人の中には泣いている方もいました[19]」というツイートにみられるように、「ただいま！」への感動的共感が起こった。私もアナウ

図6－7　開場時の拍手

出所）2021年12月30日筆者撮影.

ンスを聞きながら拍手し、国際展示場駅でも感じた「帰ってきた！」という安堵感と共に、胸に込み上げるものがあった。

先に見てきた「エアコミケ」というＳＮＳでのムーブメントは得られなかった、「拍手」といった参加者と「場」を共有する感覚を「直接経験」できたことに、「ただいま！」のアナウンスでの感動的共感がもたらされたのではないか。コミケという「ハレの日」を「自分たちの場」であるという意識があるから、「ハレの日」に「日常」を感じていた。「ハレの日」と「ケ」との「重層的な時間」（中村雄二郎）は、祝祭的でありつつ同時に日常が重なった姿なのかもしれない。だからこそ、「重層的な時間」に回帰することを宣言した「ただいま！」というアナウンスに、感動的共感があった。少なくとも私はそのように感じた。

最後に「場の魔法」とも言うべき現象が自分に起こったことを振り返る。コミケに参加する度に、自分でも作品を作りたいという高揚感が起こる。それは同人誌を手に取り、さまざまなジャンルをまわる時に起こる。コミケという「場」に参入し、「ハレの日」としての雰囲気にあてられていたのかも知れない。コミケ会場に入るまではそうした高揚感はないが、同人誌やそれに関わる人々に囲まれることで、「自分でも同人誌を作ろう」という気分になる。これが「場の魔法」である。

そこで思い起こすのが、ルネ・ジラールの「模倣的欲望論」である。ここでの「欲望とは自分自身の心の奥底から自発的に引き出してくるものではなく、他者から借用してくるものであり、その関係性は「欲望する主体と欲望を引き出す媒介、そして欲望の対象という三角形の図式となる」（松平 2016：5）。ジラールはこの図式を「三角形的欲望」と表現する（ジラール 1971：2）。私は「コミケの場」という媒介を通して、「作品を作ろう」という欲望を借用した。しかし、その時の私は「研究者」の目線で取材としてコミケに参加したために作品を作りたいという高揚感が長続きせず、閉会の拍手と共に私に掛かった「場の魔法」が解けてしまった。そのため私は、実際に同人誌を作るまでには至っていない。

とはいえ、「コミケという場」に参入することで参加者の交流を促し、互いを媒介者とし、同人誌を始めとする作品を生み出そうとするエネルギーに転化していったのは確かである。そうでなければ、なぜこれだけの規模で、四十年以上にわたってコミケが続いてきたのか。さらに「コミケという場」は結局の所オンラインでは代替できず、リアルなイベントとしての価値を維持してきたのだろうか。やはり、「祝祭的な時間」の出現に参入するという「直接経験」こそが、参加者のコミケに参加する喜びを喚起し、開催の継続につながっているのではないだろうか。

おわりに

本章では、コミケに参加した私自身の体験を通じて、コミケの「場」とは何かという課題を考察してきた。

まず、コミケ参加者の対等性が「場」の理念として開催当初より継承されてきたことを確認した。コミケという「場」は、当日午前十時に開場のアナウンスと共に発生する「拍手」で現れ、午後四時の閉場のアナウンスに伴う「拍手」と共に消失する。このように「拍手」の共有により、「祝祭的な時間」（中村雄二郎）という文化的時間が出現する。こうした「場」に参入することで、コミケへの参加を楽しんでいた自分を振り返った。

次に、東京オリンピックによる延期、コロナ禍に伴う中止の代替措置としての「エアコミケ」への参加について考察した。「コミケの場」への参入に伴う偶然性と身体感覚という「直接経験」（エドワード・S・リード）は、オンラインの「エアコミケ」では代替不可能と結論付けた。

最後に、リアル開催となったC99（二〇二一年一二月開催）に私が参加した体験を振り返った。まず、私自身が開催の「ただいま！」というアナウンスへ共感したことを考察し、祝祭的でありつつ同時に日常という「重層的な時間」（中村雄二郎）への回帰に感動的共感を覚えたことに言及した。次いでコミケに参加すると作品を作りたいという高揚感が沸き起こる「場の魔法」について「模倣的欲望論」（ルネ・ジラール）を参照して考察した。その結果、「コミケの場」という媒介を通して、「作品を作ろう」という欲望を借用することで「場の魔法」に掛かったことを振り返った。「コミケの場」には、対面の交流や場の雰囲気を楽しむという身体感覚を伴った「直接経験」が必要だった。こうした「直接経験」は、生身の人間が集まるからこそ発生する。「直接経験」を前提にするからこそ、オンラインのような「間接経験」がむしろ活かされるのではなかろうか。

なお、本章では詳細に検討できなかったが、コミケの「場」のあり方は当初より一定だったわけではない。「理念」を継承しつつも、これまで参加者の「維持」しようとする営為によって臨機応変の対応が行われ、四十年近くも運用されてきた。そして二〇二二年八月、コミケは第百回目の開催という節目を迎えた。コミックマーケットは、同人誌即売会という「場」として、これからも継続維持されることを祈り、稿を閉じたい。

謝辞

C99へのサークル参加は、高校在学時より共にTRPGをしてきたゲーム仲間である丹川幸樹氏よりサークル参加チケットを提供いただいたことで実現した。記して感謝申し上げる。

注

（1）コミケット準備会は、「コミケットを開催するための事前準備及び当日の運営を行う任意団体」であり、その運営のサポートを行うのが「有限会社コミケット」である（コミケット準備会 2013：11–12）。

（2）コミックマーケット準備会『コミックマーケットとは何か？』：2、https://www.comiket.co.jp/info-a/WhatIsJpn201401.pdf（二〇二二年三月三一日最終閲覧）。

（3）「マンガ」という表記について、「マンガという言葉にあらかじめ余計な意味を持たせない表記」として「まんが」が適切であるという意見がある（霜月 2008：4）。本書では、引用箇所以外では「マンガ」と片仮名表記で統一することとする。

（4）コミックマーケット公式web「コミックマーケット年表」https://www.comiket.co.jp/archives/Chronology.html（二〇二二年三月三一日最終閲覧）。

（5）『コミケットマニュアル』とは、サークル参加申込書セットに同梱されている小冊子である。コミケット準備会の役割や、コミックマーケットの理念などがまとめられている。二〇一三年八月に『コミケットマニュアルC86』として二回目の全面的な改訂がなされた。本章では資料へのアクセスの利便性を考え、これを用いる。

（6）もちろん、こうした「対等性」という理念と実態とのギャップが指摘されたことがある。詳細は（岩田 2005：12–13；23–29）を参照のこと。

（7）「コミックマーケット99の開催について（二〇二〇年七月一二日現在）」https://www.comiket.co.jp/info-a/C99/C99EventDate1.html（二〇二二年三月三一日最終閲覧）。

（8）企業ブースはコミケが晴海会場から東京ビッグサイトに移ったあとのC51（一九九六年一二月）から始まった（コミケット準備会 2015：22）。企業ブースの導入の経緯と参加者の反応については（稗島 2003：119–125）を参照のこと。

（9）準備会スタッフは無償奉仕であるが、さまざまな特典があるという（立花他 2021a：133–134）。スタッフの参加形態などについては、（玉川 2007）を参照のこと。

（10）コミケにコスプレ参加者が最初に現れたのはC5（一九七七年四月開催）で、翌年五月に開催されたコミケットスペシャルでコスプレショーがあったことを霜月が回想している（霜月 2008：171–172）。

（11）コスプレに限らず、外国人の参加については、コミケット準備会国際部の山口貴士が「直感的には、参加者の二〇人に一人以上はいるのではないか」と推測している（コミケット準備会 2015：227）。

（12）コミックマーケット準備会『コミケットアピール95』https://www2.comiket.co.jp/info-c/C95/C95Appeal.pdf（二〇二一年三月二一日最終閲覧）。一般参加者から入場料を取るという発想はコミケの当初からなかったという（霜月 2008：144）。そうすると、C96での一般参加者有料化は大きな転機であった。

（13）見本誌確認が行われるようになったのは、一九九一年夏開催のC40からである。頒布物のわいせつ表現を事前に確認するために行われるようになった（コミケット準備会 2015：21）。

（14）恒例行事となっている開会と閉会の「拍手」がいつから始まったのかは定かではない。霜月は第一回のコミケの閉会に際し「後に恒例となる参加者からの拍手が巻き起こったかどうかも、残念ながら覚えていない」（霜月 2008：19）としていることから、第一回では拍手が起こっていなかった可能性がある。

（15）同人誌を専門に扱うようになった印刷所の設立経緯については、（飯塚 2016；2017）を参照のこと。

（16）「エアコミケ企画紹介」https://www.comiket.co.jp/info-a/C98/AirComiket98.html（二〇二一年三月二一日最終閲覧）。

（17）「エアコミケ3　公式ページ」https://air.comiket.co.jp/（二〇二一年三月二一日最終閲覧）。

（18）佐古・菅野の解説に拠ると、「間接経験（二次的経験）」とは「（視覚的、聴覚的、その他もろもろの）メディアが媒介する経験であり」、「直接経験（一時的経験）」とは「経験一般から間接経験を差し引きした残り、つまりメディアが介在しない経験」であるとしている（リード 2010：246–247）。

（19）https://twitter.com/mouseunit/status/1476361708772167680 二〇二一年一二月三〇日（二〇二二年三月二〇日最終閲覧）。

文献

飯塚邦彦「二次創作する読者の系譜――「おたく系雑誌」における二次創作の背景を探る」『成蹊人文研究』第二三号、二〇一五年。

――「コミック同人誌印刷所の成立――創作漫画文化の側から」『成蹊大学文学部紀要』第五一号、二〇一六年。

――「ミニコミとコミック同人誌――その共通点と相違点から見えるもの」『成蹊大学文学部紀要』第五二号、二〇一七年。

岩田次夫『同人誌バカ一代――イワえもんが残したもの』久保書店、二〇〇五年。

エドワード・S・リード『経験のための戦い』新曜社、二〇一〇年。

岡安英俊・三崎尚人「コミックマーケットにおける理念の変遷と機能――成長と継続を可能にしたプラットフォーム」『コンテンツ文化史学会』vol. 六、二〇一一年。

コミックマーケット準備会編『コミケットマニュアルC86 サークル参加申込書セット版』https://www.comiket.co.jp/info-c/C86/C86comiketmanual.pdf 二〇一三年（二〇二二年三月二一日最終閲覧）。

コミックマーケット準備会『コミックマーケット40周年史「40th COMIC MARKET CHRONICLE」』二〇一五年。

霜月たかなか『コミックマーケット創世記』朝日新書、二〇〇八年。

ジラール・ルネ『欲望の現象学 ロマンティークの虚偽とロマネスクの真実』法政大学出版局、一九七一年。

立花晃、井関崇博、岡元明希「二次創作市場の構造と創造的自律空間の形成に関する考察――コミックマーケットを事例に（上）」『季報唯物論研究』一四九号、二〇一九年十一月。

――「二次創作市場の構造と創造的自律空間の形成に関する考察――コミックマーケットを事例に（中）」一五四号、二〇二一年a。

――「二次創作市場の構造と創造的自律空間の形成に関する考察――コミックマーケットを事例に（下）」一五五号、二〇二一年b。

玉川博章「ファンダムの場を創るということ コミックマーケットのスタッフ活動」『それぞれのファン研究 I am a fan』風塵社、二〇〇七年。

中村雄二郎『共通感覚論』岩波書店、二〇〇〇年。

稗島武「コミックマーケットの行方――ある「文化運動」に見る理念と現実の関係についての考察」『比較社会文化研究』第一四号、二〇〇三年。

松平功「ルネ・ジラールにおける模倣（ミメーシス）的欲望論とキリスト教」『桃山学院大学キリスト教論集』五一号、二〇一六年。

終　章

「マイナス宇宙」における父子の戦いと「ネズミ」が姉を糾弾する場面について

――『シン・エヴァンゲリオン劇場版:||』と『人間蒸発』――

渡辺　哲男

はじめに――本章の執筆が可能になった背景――

コロナ禍、戦争と、極めて厳しい現実を生きるなかで、否、そうした危機的状況でなくとも、日々生きるなかで起きる細大に渡る悩みや苦しみから、一時的にでも解き放たれるような機能をもつ「虚構」（フィクション）は、私たち人間に必要なものであり続けてきたように思われる。あるいは、画家・評論家の古谷利裕が、「経験不可能な実在の気配を、経験可能な現実の内へと織り込んでいくものが、フィクションといえるのではないでしょうか」（古谷 2018：291）というように、「虚構」という、経験不可能な世界をみることが、経験可能な現実を変えていくトリガーとなる、ということでもあるのだろう。こうした、現実世界と虚構世界が相互浸透した「ポストトゥルース」の時代として、現代社会が捉えられることもある。また、そうした時代ならではの作品も多く生み出されている。私が以前論じたことのあるアニメーション映画『君の名は。』も、その一つに数えられよう（渡辺 2019）。

そうなれば、現実の悩みや苦しみが大きければ大きいほど、「虚構」に対する希望や期待は高まらざるを得ない。「悩みや苦しみ」とまではいわずとも、現実の人付き合いが面倒だというのであれば、もともとの自分をベールに包んで、耳にはイヤホンをして現実世界との通信を遮断し、目の前のパソコン画面の向こう側にいる、同じようにベールに包まれた他者との交流をするほうが「ラク」だという人たち、つまり、「虚構」を現実の側に引っ張り込んで生きる人たちは、それなりに存在するはずである。

『エヴァンゲリオン』シリーズの産みの親である庵野秀明は、『さようなら全てのエヴァンゲリオン』というドキュメンタリー番組（2021）において、一九九五年〜九六年に放映された『新世紀エヴァンゲリオン』テレビアニメ版最終話の謎めいた終末に対して起きた激しいバッシングに苦しんでいたことを吐露している。魅力的なフィクションとして作品を支持していたはずの人々からのこうした「攻撃」は、裏を返せば、『エヴァンゲリオン』に対する過度な期待によるものだという見方もできる。

本章では、いま挙げた『新世紀エヴァンゲリオン劇場版』の最後の（？）映画版である『シン・エヴァンゲリオン劇場版:||』をケースとして、この時代に生み出されたこの作品が、「現実」と「虚構」をめぐるいかような問いを私たちに突きつけているのかを考えてみたい。先の過度な期待に対する庵野の応答として、新旧劇場版が「現実に還れ」というテーマを有していることは知られたところである。本章では、この「現実に還れ」を否定するつもりはないが、従来にない視点から、「現実に還れ」をもう一歩深めてみたい。

個人的なことだが、『エヴァンゲリオン』は、私が大学生の頃に流行し、仲間たちと最初の映画版を観に行ったのを覚えている。あれからほぼ二十年経過したところで「終劇」に接することになった。その意味で、若い多感な頃から、現在老眼が来始めた中年期に至るまで共に歩むことになってしまった『エヴァンゲリオン』を遂に論じることは、私自身の二十年もある意味問いなおす作業になってしまうのかも知れない。

ところで、本題に始める前に、本章の執筆が可能になった背景に触れておきたい。これもまた、この時代ならではのことだったからである。まずは蛇足めいた話になるかも知れないが、お付き合いいただきたい。

第1章における『ガンダム』をテーマにした考察が可能なのは、放映されたアニメーションや映画版が既にブルーレイなどで販売されているし、あるいは、Amazon Prime Video で鑑賞できるようになっているからである。とりわけ、グフがシールドを捨てサーベルを構えるシーンの考察は、当該の部分をコマ送りしなければ確認することができない。このように、初回放映が一九八〇年で、ソフト化されている『ガンダム』の考察はまだしも、本章で取りあげる『シン・エヴァンゲリオン劇場版𝄇』（以下『新劇場版』）は二〇二一年三月に公開された、ごく最近の映画作品であり、通常であれば、現時点で本格的な考察を行うことは困難で、仮に考察するにしても、何度も映画館に足を運んで、暗闇でメモを取りながら鑑賞する必要がある。

しかしながら、本作を考察した河出書房新社編集部編（2021）や藤田（2021）は、まだ公開中の同年六月に刊行されており、異例のスピードである（何度も映画館へ足を運んだと推測される執筆陣の苦労が偲ばれる）。かくいう私自身も、本章の執筆のために複数回映画館に足を運んだのだが、本作は同年八月一三日から Amazon Prime Video で鑑賞可能になった。このことは、何度も、かつ、細かく見直せるという意味で、非常にありがたいことであった。劇場公開終了後ほぼ一ヶ月で Amazon Prime で鑑賞可能になるというのは、異例のことである。この早さについては、Amazon 側は、コロナ禍で上映中止や延期となった映画が増加したために配信コンテンツが不足していた、『新劇場版』の製作会社であるカラー側としては、早期に世界の人々に本作をみてもらいたい、という利害の一致があった（長谷川 2021）。本章の存在自体、コロナ禍によって可能になったものである。

さらに、本章の執筆にあたっては、模型誌もその助けとなってくれた。『月刊ホビージャパン』二〇二一年七月号（第五三巻第九号）は、『新劇場版』が特集され、エヴァンゲリオン初号機を始めとする機体のプラモデルの作例、さらには、『新劇場版』の一場面のディオラマの作例も掲載されていた。この作例も参照しつつ、そして、後述のように、ジオラマの作者自身によるコメントを足がかりとしながら、考察を進めていくことが可能になったのである。

このように、執筆時点では上映開始から一年経過していないというタイミングで『新劇場版』をテーマとした本章の執筆が可能になったのは、上記の諸要因によるものである。本書の趣旨からも、このことは本題に入る前に特に記すことにした次第である。

1 「セット」の上で戦う父子

まず、『新劇場版』の後半で展開される、主人公父子の「最終決戦」に注目してみたい。碇シンジが乗るエヴァゲリオン初号機と、父である碇ゲンドウが乗る第一三号機が決着をつけるべく「マイナス宇宙」と呼ばれる、人間の感覚では通常認識できない世界で、戦いを繰り広げる場面である。

この「マイナス宇宙」は、現実と虚構の狭間のような場所なのだが、初号機と一三号機は、特撮映画のセットの上のようなところで対峙している。この場面は第3新東京市だが、戦闘を繰り広げるうち、シンジが暮らした葛城ミサトの家（これもセットで、劇中初号機がセットの外に吹っ飛ばされる）や綾波レイの家、「第3村」へと、ステージはめまぐるしく変わる。シンジの初号機は一三号機にまったく刃が立たないまま戦闘が推移し、ゲンドウが「これは力で決することではない」というと、シンジが「うん……父さんと話がしたい」と応じ、ゲンドウのこれまで明かされなかった思いが吐露されていく。そのなかで、ミサトから新たな槍がシンジに届けられるのだが、ここでゲンドウがシンジの成長を認め、「すまなかったな、シンジ」と謝ると、ゲンドウはシンジのなかに生き続ける亡き妻ユイを「発見」し、シンジの元を去って行く。以上が、この「マイナス宇宙」が登場する周辺のストーリーである。

前述した、『新劇場版』公開後いち早く刊行された『シン・エヴァンゲリオン』を読み解く』に収録された松下哲也の論稿は、エヴァの映像がいわゆる「模型遊びの発展形」（松下 2021：46）であり、模型的な戦闘機や空母の動きに加え、実際にミニチュアセットを制作して情景描写を検討したとされる「第3村」も、極めて模型的な世界観で展開していることを指摘している。この点、本章の関心と重なるところもあるのだが、それは後に措き、松下は、「マイナス宇宙」（もともと『ウルトラマンA』に登場する）について、以下のように述べている。

ゲンドウは、「マイナス宇宙」「ゴルゴダオブジェクト」という用語によって、『ウルトラマンA』第一三〜一四話のエピソードを観客に連想させたうえ、「虚構と現実を同一化して世界の認識を書き換える」というセリフでエヴァという物語が特撮をはじめとする先行作品の模型であること、そして自らがフィクションの世界の到来を強く望んでいることを露悪的なまでに説明する。（同上、49）

こうした松下の言を承けると、『新劇場版』における碇ゲンドウの目論んだ「人類補完計画」の内実は、現実と虚構をないまぜにすることであり（「アディショナル・インパクト」を指す。そしてこれにより妻ユイとの再会を果たす）、この「マイナス宇宙」の特撮セット的情景自体が、ゲンドウの補完計画達成後の世界のありようを示しているということになる。この「最終決戦」のディオラマを制作した山田卓司は「ここは庵野秀明監督のミニチュア特撮への愛情や思い入れ、畏敬の念が感じられるところです」（山田 2011：96）と述べている。それは確かにそうかもしれないが、松下の考察を踏まえれば、単なるリスペクトのレヴェルでは終われないところもあろう。さらに、他の先行研究の考察も確認しておこう。

まず、坂口将史は、先の『『シン・エヴァンゲリオン』を読み解く』所収の論稿において、庵野が『ジ・アート・オブ・シン・ゴジラ』において、特撮表現最大の特徴は「現実と虚構」の間を描けることだと述べている部分を引用しつつ、この戦いは「「現実と虚構が融合した世界観」の描写が演出上要請されている場面」であり、３Ｄ

ＣＧを用いた特撮表現の再現が「物語から要請される画の提示という演出としての機能も果たしている」（坂口 2021：61）と述べている。

次に、やはり公開直後に刊行された、藤田直哉『シン・エヴァンゲリオン論』では、人間の動きを取り込んで（モーションキャプチャ）特撮風アニメを作ったことに関連して、第3村のシーンを、「第3村のシーンは、森や山や田んぼだけではなく、人間の描写においても「自然」であることを重視しているのだ。この「自然」は「ありのまま」と言い換えることもできる。本作でもっとも重要な思想だ」（藤田 2021：213）と分析している。藤田の著作は、『新劇場版』の底流には仏教思想があるとまとめられており、「「ありのまま」を認めるとは、仏教の思想である」（同上、225）と述べている。

ここで藤田に見いだされた、「ありのまま」は、「「虚構と現実」を重ねたいと思うタイプのオタクに対する教育的なメッセージだ」（同上）という。そして、「観念的で現実否定的な理想を実現することではなく、不完全で猥雑なこの世界そのものを肯定」し、「流動的で未知なこの世界を丸々肯定しようとする覚悟」（同上）が、旧『エヴァ』との大きな違いだというのである。

以上のように、『新劇場版』公開直後に刊行された複数の論稿が、共通して、劇中の「特撮」的な構造に注目し、それが現実と虚構のあわいを作りだそうとする機能を果たしていると論じている。あるいは、藤田のように、仏教思想との接続を試みつつ、この「あわい」を作りだす営為自体に、「ありのまま」の現実を受け入れることのススメ、というメッセージを読みとろうとするものもある。

本章では、これらの先行研究の成果を踏まえて、「マイナス宇宙」が「特撮」的空間であることに注目してみたい。この『新劇場版』が、私たちの生きる現実世界に対する虚構世界であり、その視点からみれば、第3新東京市などの特撮セットが使われているということは、この場面に、「虚構のなかの虚構」とでもいえる様相を帯びさせている。「現実と虚構」という枠組みへの着眼は、本章も同様なのであるが、前出の先行研究には、この「虚構のなかの虚構」という視点が欠落している。本章ではこの欠落を補い、この場面の第三新東京市が最新のCGで描かれた割にやや「安っぽい」（というのも私の印象に過ぎないかも知れないが）仕上がりで、初号機や第一三号機が着ぐるみを着た人間のような動きをすることの意味内実を、同じく、「最終決戦」の場が「セット」だったある映画を参照枠にすることで明らかにしたい。

2　『人間蒸発』における「最終決戦」

私が『新劇場版』の「マイナス宇宙」における特撮セット的な舞台を最初にみたとき、即座に想起したのは、今村昌平監督の『人間蒸発』（一九六七年公開、DVDは東北新社より二〇〇七年発売）である。当時、行方不明者が日本国内で多発していたことに関心をもったことから製作された映画で、今村が、実際に行方不明になっていた大島裁という男性の行方を、婚約者だった早川佳江とともに捜索するドキュメンタリー的作品である。『太陽にほえろ』で「山さん」を演じたことで知られる俳優・露口茂が佳江に密着する形で取材を進めていく展開になっている。

いうまでもなく、「個人情報保護」という観点からすれば、今日では絶対に製作できない映画である。とはいえ、今村や露口がこの捜索に介在したことで、単なる行方不明男性を捜索するドキュメンタリーの範疇を超える展開をみせてしまうのが、この映画の大きな魅力である。ドキュメンタリーでありながら、むしろ、今村の意図か、そうではないのか、「フェイクドキュメンタリー」の色合いを帯びてくることになる。

というのは、捜索の過程で、佳江が露口に恋心を抱くようになり、もともとの主題から展開が逸れはじめるからである。この点を今村と露口で話す場面もある（今村は劇中佳江を「ネズミ」と通称していて、この場面でも彼女をそう呼ぶ）。その後、後半になると、佳江の姉である早川サヨと行方不明になった大島が関係をもっていたのではないかという疑惑が浮上する。さらに、佳江とサヨの仲が以前からよくなかったことが明らかになった上で、妹が姉を糾弾する「最終決戦」が行われるのである。

この「最終決戦」は、格子戸越しに座卓を挟んで座る佳江、サヨ、さらに同席する今村と露口が映し出されたショットで展開する。このカメラワークからは、この場所は一般的な日本家屋の和室であり、佳江かサヨの家であろうと考えてしまう。

この決戦の終盤で、大島とサヨが一緒にいるところを目撃した魚屋（劇中「おととや」と呼ばれる）の存在が示され、当人が呼び出されて同席する。魚屋は確かにサヨに間違いないと証言するのだが、サヨは一貫して大島との関係を否定する。そして、膠着状態に陥りつつあるところで、佳江が今村に、「真実って何でしょう?」と問うと、今村が突如「セットを飛ばせ!」と叫び、決戦の場となった部屋のセットを大道具が片付け始める。

すると今村は、「貴女がたの云ってることは、真実には、真実っていう実感が伴う筈だという事だと思います。／僕にも真実というものは何がなんだか判らないけど、これも一つの真実だとは思っている」と語り、キャメラが引いてセットの全景が見え始め、この一連の動きで、この場が家の一室ではなく、スタジオのセットだったことがわかるのである。

今村がさらに「常夜灯!」と叫ぶと、スタジオに照明が点く。「つまり、こういう事であるに過ぎないんだ。キャメラは貴方がたを撮ろうとしているし、あなたがたは撮《ママ》されようとしている。明日はまた、ここで別の映画が、いわゆるウソ芝居をやるわけです」と今村が話したところで、このシーンは終わる。

つまり、このシーンがどのような体だったのかというと、佳江が、「姉のサヨが婚約者（大島）を奪ったのではないかと疑い、問いただす」ということについては、実際彼女がそういう言動をしているわけだが、それが展開された場は虚構的なスタジオのセットだった（そして、そうしたシーンを今村昌平が仕組んだ）、ということなのである。他方、『新劇場版』においては、「父子の戦い」が初号機と第一三号機の決闘というかたちで行われているが、その場は特撮的なセットの上であった。すなわち、両者においては、父子、あるいは姉妹の「最終決戦」が行われている場がセットだった、という重なりがあることになる。

今村は、なぜこのようなシーンを設定したのか。「常夜灯！」と叫ぶ直前、今村は次のように発言している（スクリプトから引用する）。

これはフィクションなんです。／大島君の蒸発という事実から、この様な追求のドラマが展開されてきたわけだけれども、これも、自然に展開してきたわけじァない。ないでしょう。展開しようとして、展開して来たわけなんだ。（浦山 1967：111）(1)

また、今村は、このシーンについて次のように述べている。

数日間、苦しんでやっとひねり出したアイデアで、本当はこの場面で映画を終わりにしたかった。ドキュメンタリーといえど作為からは逃れられない。真実と信じているものも、実は虚像かもしれない。そんな風に少々理屈っぽく、フィクションとノンフィクションの境界を崩して見せることで、映画に劇的な見せ場を作り、何か結論めいたものを引き出せるのではないかと思ったのだ。／だが、実際作ってみると狙ったほどにはうまくいかかった」（今村 2004：140）(2)

以上の引用を踏まえると、今村は、私たちが自明視している「現実」と「虚構」という二分法に異議申し立てを行うために、意識的にこうした映画を撮ったということになる。行方不明になった婚約者を捜索するという「現実」のなかに、今村は意図的に「虚構」的な要素を織り交ぜる試みを行い、私たちの経験する「現実」を問いなおそうとしたのである。結果、『人間蒸発』は、ドキュメンタリーのようにみえるが、ドキュメンタリーに見せかけているだけ、という可能性を含みもち、観る側の私たちを混乱させる作品として成立することになったのである。

上述のシーンがセットで撮られていたということは、佳江とサヨらの一連の遣り取りは、リアルな応酬なのではなく、「台詞」であった可能性も残すことになる。つまり、「現実」と「虚構」の区分が曖昧となることで、登場人物の言動が演技なのかそうではないのかというところも曖昧にしてしまったということである。

このことは、第1章のコトバを借りれば、事実として「ある」ものを、あえて「さもありそう」なレヴェルのものとして見せようと仕掛けたわけである。近年、ドキュメンタリーに見せかけた、あるいはそういう可能性を意図的に含ませた映像作品が「フェイクドキュメンタリー」として認知されている。本作は、白石晃士のいうように、「和製フェイクドキュメンタリーの萌芽」（白石 2016：20）として位置づけることができよう[3]。

以上のように、『新劇場版』と『人間蒸発』共通に使われているスタジオのセット的な場の設定は、「現実」と「虚構」の融合的な空間を生み出そうとしているものであることがわかる。そもそも「現実」は「虚構」的な様相を帯びているものなのだ、と訴えんがために今村が設けた、佳江とサヨの「最終決戦」、ゲンドウが「現実」と「虚構」のないまぜになった世界を招来しようとしていることを示すために（庵野秀明監督によって）設けられたシンジ父子の「最終決戦」の舞台となる要素として「セット」が用いられたわけである。

3　市川浩による『人間蒸発』の考察から

前節の考察では、『新劇場版』と『人間蒸発』双方の作品の重なりを見出した。これを踏まえて、以下では、さらなる先行研究による『人間蒸発』についての考察をとりあげることで、『新劇場版』との対照的な関係を浮き彫りにしてみたい。

『精神としての身体』などで知られる哲学者で、身体論に関する著作も多く発表している市川浩は、「芸術と言語」という論稿において、『人間蒸発』に言及している。市川は、日常私たちは自分にとって有用なものしか意識しておらず、私たちの意識する現実は現実の全てではなく「その兆にすぎない」(市川 1968：176)とし、その周縁には意識化されていない「かくれた現実の拡がりと深みがある」(同上)と述べている。そして、「芸術」を、この周縁にあるもう一つの現実を顕わにするものだと位置づける。すなわち、「日常の意識にあらわれる現実の断片から、具体的現実の全体へとわれわれを超出させるシンボル的形態が芸術」(同上、180)なのであり、「芸術言語は、我々を対象に直面させ、適切に行動させる〈道具〉ではない。むしろ対象を理念化し、その実在性を消すことによって、虚実皮膜の間にある〈第四の現実〉をあらわにする消しゴムなのである」(同上、185)という。

このように、市川は、「芸術(言語)」は、日常の意識している現実の実在性を消し去り、それによって、普段はみえていない、周縁にあるもう一つの「現実」を顕わにする機能を有していると考えている。その上で、『人間蒸発』は、実在が虚在化し、反対に虚在が実在化するという営為のあいだに真の「実在」があるのかという問題の問いかけそのものを行った作品なのだと結論づけている(同上、189)。あるいは、以下のようにも述べている。

かつてのリアリズムが描いた確固とした現実は、実は現実の構造ではなく、リアリストの構成概念であり、現実に対する希望ないし信仰にほかならなかったのではないか、という疑問符をこの映画はつきつけている。この意味で『人間蒸発』は、映像言語の宿命であるイコン性、写実性を希薄化することによって、それを芸術言語たらしめようとする試みとは反対に、映像言語のイコン性、写実性のもつ意味を根本的に追究することに

よって、かえってそれを芸術言語たらしめた、一種の純粋映画といえよう。（同上、189-190）

普通に考えれば、映像（特にドキュメンタリー）というのは、現実をありのままに描写したものだと捉えがちである。しかし市川は、『人間蒸発』は、映像は現実を写実しているという前提そのものに異議申し立てを行い、映像の「芸術」性とは一体何なのかを、問い続ける営為自体が作品となったのだと評価しているのである。これをいいかえれば、「虚構の操作によってはじめて、生きられた具体的現実やありうべき現実が発見され、創造されるともいえる」（同上、191）となろう。

以上の市川の考察を踏まえて、『人間蒸発』と『新劇場版』の転倒した関係性について考察してみよう。まず、『人間蒸発』の場合は、現実に失踪した大島裁がどういう人物だったのかということを、婚約者の女性に監督や露口のような俳優が寄り添うかたちで、徹底的に追究した。この営為の意味を市川流に述べるならば、明確な実在性を自明視している大島を、可能な限りさらに明確にしよう（なぜ失踪したのか、どこへ行ったのか、など）とすることが、かえって大島の不明瞭性（サヨと関係をもっていたという疑惑など）という「もう一つの現実」（虚構）を浮き彫りにすることになった。そして、今村は、この世界はふたつの「現実」が混淆するところに成立するのだ、ということを、最後に「セットを飛ば」したことで表現しようとしたのである。

これに対して、『新劇場版』は、そもそも、先に述べたように、「最終決戦」が繰り広げられた「マイナス宇宙」のほうが、通常人間に意識化されない「もう一つの現実」である。そして、この作り物感溢れるセットのように「マイナス宇宙」が設定されている。『人間蒸発』は、「現実」に「虚構」を呼び込む仕掛けをしているが、『新劇場版』は「虚構」からのスタートである。つまり、「周縁にある現実」が視覚されて私たちに最初にみせられているわけだ。そうなると、『人間蒸発』の「現実」と「虚構」の関係性が転倒して、この戦いをみる私たちには、「虚構」上で行われているこの戦いは、（意識化された）現実のうえでは「父と子の戦い」なのだということが伝わることになる。換言すれば、『人間蒸発』のように、「大島を捜索する営為を通して「現実」と「虚構」の関係性を問いなおそうとしている」の「〜を通して」が『新劇場版』の「最終決戦」にはない。エヴァという「着ぐるみ」を着たシンジとゲンドウという父と子の戦い以外の何ものでもなく、市川のコトバを借りれば、このシーンには「兆」がない、あるいはこのシーンは「兆」となることが拒絶されているのである。

だとすれば、二体のエヴァが、実際の動きがモーションキャプチャされ、ウルトラマンのように着ぐるみを着た人間が動くように作られているのは、映像作品という「芸術」の一環でありながら、それであることを拒否しようとしているようにもみえる。初号機が第一三号機に蹴られたり、投げ飛ばされたりする現象が「つまらない」という意味ではない。目に見える以上の深みはない、深みをもたせたくない、というように捉えられるということである。そういった意味で、『新劇場版』は、「芸術でありながら芸術でない」という挑戦的な作品として位置づけることも可能になるのだ。(4)

一九一七年に発表された、マルセル・デュシャンの『泉』は、男性用の小便器にサインがされただけで出品され、「レディメイド」と呼ばれる既製品を用いて「芸術」とする、現代美術の手法の先駆的な存在となったことで知られる。『新劇場版』は、いわばこの逆をやってのけた。もともと「芸術」と呼ばれうる映像芸術を、「芸術」から離脱させようとしたのである。「現実」と「虚構」の境界を曖昧にしようとする試みは、最終的に「芸術とは何か」という命題を私たちに突きつけたことになるし、「芸術」とは、「芸術」であるか、そうではないのか、そのきわどい境界線上に位置付くものだと論じているようでもある。さらにいえば、「虚構（フィクション）」に対する過度な期待に対して、待ったをかけているともいえる。

さらにいえば、『新劇場版』というのは、待ったをかけている、というよりも、目の前に見えているモノ（本章で論じたところによれば初号機と第一三号機の戦い）を単純に楽しめばよいのではないかといっているようにも思われる。そうだとすれば、『新劇場版』は、本章も含めた、これまで多数生み出されてきた『エヴァンゲリオン』の研究を笑い飛ばしていることになる。あるいは、「現実」と「虚構」をあれこれ考えても仕方がないよ、というように、このようなことを考える営為自体を笑い飛ばしているともいえる。もちろん、さまざまな「深読み」「研究」の類いが出てくることを否定してはいないのだと思われるが、最終的には、そこで生み出されたさまざまな解釈は、「ま、いっか」と笑い飛ばすということがあってよいのだ、ということなのである。

以上の考察を踏まえて、本章の最後では、こうした二項図式と「笑い飛ばす」ことの問題を改めて考えることでまとめとしたい。

おわりに――「共生」の思想へ――

『人間蒸発』は、先に触れたように「フェイクドキュメンタリー」と呼ばれるジャンルの先駆をなすものとして位置づけられるが、その系譜といえる近年の作品に、二〇一五年にテレビ東京で放映された『山田孝之の東京都北区赤羽』（山下敦弘／松江哲明監督）がある。この作品は、俳優山田孝之が時代劇の撮影中に役を演じることに行き詰まってしまい、清野とおるのマンガ『東京都北区赤羽』（実質的な「原作」）に登場する個性豊かな赤羽の人々に示唆を得て、打開を期すべく赤羽に移住、彼らに感化され、最後には北区つかこうへい劇団との共演を経て、「演じることは、生きること」という境地に至って復活するというストーリーである。

実は私は放送開始当時前知識なしで同作品をみはじめ、本当に山田が演技に行き詰まって、それを追ったドキュメンタリーなのかと思いながら作品をみていた。その後、改めてみると単純なドキュメンタリーでは不可能なアングルからカメラが回っていることなどに気付き、いわゆる「フェイクドキュメンタリー」であったことを理解した。しかしながら、最後までみたところで、山田孝之は演技に行き詰まった「ふり」をしているのだが、こうした番組が企画されるにあたって、どこかで山田は演技への行き詰まりをリアルに感じていたのではないかとの印象ももった。つまり、彼は実際に演技に「行き詰まり」を感じていたからこそ、こうした作品を作ったという側面もあったのではないかということだ。(5) あるいは、「演じることは、生きること」という境地に既に至った山田が、こうして至るまでの道筋を改めて構築してみたくなったのかもしれない。

こうして色々と想像をめぐらしてみて思うのは、これが「現実」か「虚構」か、「演じている」のか「演じていない」のか、という二項図式でものを考えることの無意味さである。そもそも山田にしても、今村にしても、かような図式を脱却した、双方の混淆、絡まり合いを価値づけようとしたのである。こうした試みそのものは重要なのだが、そこには限界も存在するように思われる。最後に、もう一人の論者に登場してもらい、この問題に言及しておきたい。

今日の日本において、こうした近代主義に基づく二元論的原理を批判し、二項を分離させず、混淆を受け入れることの価値に着目することで、独自の「共生」の思想を提出したのが、建築家の黒川紀章である。黒川は、主著『共生の思想』において、「本来分かち難く共生していた混沌とした存在、機能相互間の補完関係、分離することによって失われてしまった機能間の中間領域、明確にすることによって失われてしまった曖昧性の質、これらのすべてが、近代主義、そして近代建築から欠落している」(黒川 1987 : 65) と述べている。黒川はメルロ＝ポンティの身体論やドゥルーズの「リゾーム」概念に示唆を得ながら、二項の流動的関係を「共生」思想の根本に据えようとしている。

例えば、「わかりあう」とは、それ以前の対立や矛盾が解消される地点を指すように考えられてきたし、事実学校教育の多くの場面でもそのように捉えられてきた。しかしながら、黒川のいう「共生」とは、そうしたものの解消をいうのではなく、かような対立や矛盾をそのまま抱え込み続けることをいうのである。[6] 私たちは、ものを考えるときに、AとBの二項を構成し、それぞれの特徴を論じることで相対化し、理解を深めていく。本章も『新劇場版』と『人間蒸発』を対置して考察したという意味で、その方法論に則っている。けれども、黒川のメッセージを受けとめれば、そうした方法論に拠らないレヴェルでの「理解」のありようが存在するということになる。黒川自身が「共生の思想で論ずる二元論批判が、二項対立や二分法のみを用いて進められる限りは二元論の枠から逃走できないことにもなるだろう」（同上、68）と述べているように、二元論を乗り越えるために二元論を用いていては真の「共生」ではないのである。

例えば、「健常者」と「障害者」の「共生」ということがよくいわれるが、この発想自体、人間全体を「健常者」と「障害者」にカテゴライズし、かつ、後者をマイノリティとして前者に対して劣位に置いてきた歴史を反省的に捉え直さないまま、前者に後者を包摂しようとしている側面もあるはずだ。そもそも、こうした二項を構成したことそのものの問題を問い直さないまま包摂したとしても、前者が、恵まれない後者を包摂して「あげる」という態度は変わることがない。この包摂がさらなる「差別」を招きかねないということは、『狂気の歴史』（フーコー 1975）を読むまでもなく、明らかであろう。

とはいえ、私が二項の混淆の価値を論じるためには、まず二項に分け、分析的に論証する必要があるわけで、絵画的表現ならばまだしも、言語を用いる以上不可避なことでもある。あるいは、こうした「研究論文」のスタイル自体を大きく改変し、論証の作法が違ったものになれば、新たな可能性が見出されるかもしれないが、即時的に行えるものではない。だとすれば、言語を用いて、こうした論述をしていく以上、どうしても近代主義的な二項図式に陥ることを了解した上で、その図式に収まりきれない世界の価値をも知るということが、私たちが生きていくうちのどこかで必要になるのではないか。

　私たちは、紛れもなく近代合理主義の枠組みに囚われており、なにかを思考する際に「二項図式」から逃れてそれを営むことは非常に難しい。例えば、私はあるとき混雑した電車のなかで、目の前の優先席に座っていた両足が不自由な方が駅で降りる際、立ちづらそうにしていたのをみて両脇を抱えて立つのを手伝ったことがある。私も後から電車を降りたが、そのときふと「今日も良いことをしたなあ」と思ってしまった。これは、文字通り、障害者を助けて「あげた」という意識が私に深く根づいていたことを示すものである。

　この意識は正さなければならない。しかし、数十年この枠組みに囚われてきた私が、この枠組みから逃れることは難しい。では、私にはなにができるのか。本章の考察を踏まえれば、まずは、この図式に囚われて生きているということを「知り」、つつ、だが、その囚われを笑い飛ばし、私のように、囚われていることに気づいたら、その都度自省し、障害をもったひとであれ、誰であれ、私が生きているなかで困っているひとに出会ったら、すべて助けるということに尽きるのではないだろうか。

　最後に、本章では、いま地に足をつけているフィジカルな世界を「現実」と捉える前提で議論を進めてきた。だが、最近盛んにその解説・研究書が出ている「メタバース」の登場によって、この前提は覆るかもしれない。ＶＲゴーグルを装着してメタバース空間に滞在する時間のほうが長くなり、かつ、この空間のほうが居心地がよいという人にとっては、むしろ「現実」はメタバースということになるであろう。かくして私たちは、「現実」と「虚構」が逆転する（あるいは、フィジカルな世界もメタバース空間もすべて「現実」と認識する）という可能性を視野に入れることになる。このことは、つまり、メタバース空間でもらったりんごを「食べ」て「おいしい」と感じるということだ。いずれ私の側にも、こう感じる人がやってくる。その時は、こうした図式の逆転／崩壊も笑い飛ばして、新しい時代、空間を生きる仲間からりんごをいただいてみることにしよう。

注

（1）佳江と今村の台詞については、浦山（1967：111）から引用した。シナリオではなく、正確にはスクリプトである。また、この今村の台詞について、映画評論家の佐藤忠男は次のように述べている。

これはかなり苦しい論理である。理路整然とドキュメンタリーの本質的な問題を語っているというよりも、むしろ、早川姉妹の対立反発にどうにも決着がつけられなくなり、一方を真実だと支持すれば他方への攻撃に公然と加担しなければならない羽目におちいった監督が、苦し紛れの逃口上としてあみ出した理屈にすぎないという印象をまぬがれ難い。〔中略〕それは一面では逃口上であるが、一面ではドキュメンタリーの限界についての告白でもあって、限界を明白に告白されることによって、見る者はさらに想像力をかりたてられるということになる。／それに、逃口上とはいっても、この作品をえんえんと撮りつづけて到達したひとつの結論であるから、そこにはある程度の真実は含まれている。それは、この映画が、ドキュメンタリーとはいっても、自然にあるがままの出来事を記録したものではなくて、たぶんに作為のともなうひとつの実験を行ったものであるということである。（佐藤 1997：119-120）

（2）ちなみに、ここで引用した今村の著作には、二〇〇二年、今村と早川佳江は二五年ぶりに再会したとの記載がある。「ネズミは編み物教室の先生になり、二人の娘を嫁がせた。昨年暮れに、夫が亡くなったと年賀欠礼のハガキが届いた。私は冥福を祈った」（今村 2004：138）。

（3）近年の「フェイクドキュメンタリー」に類する作品として、後述する『山田孝之の東京都北区赤羽』（山下敦弘／松江哲明監督、二〇一五年にテレビ東京で放映）のほか、『FAKE』（森達也監督、二〇一六年公開の映画）が挙げられよう。

（4）『庵野秀明展』の図録に収録された氷川竜介の論稿では、こうしたモーションキャプチャの導入について「人の脳内のみで考える画コンテを出発点やゴールにせず、必要に応じて変えていく柔軟な作り方」が、より正確な言い方なのである」（氷川 2021：9）と、庵野秀明が画（絵）コンテ主義からの脱却をめざした試みの一環であるのだと論じている。

（5）私が一視聴者としてこの作品をみていたとき、ドキュメンタリーではないのかと思ったことに関連して、松山秀明は「この番組が「ドキュメンタリー」でもあるのではないかと思わせてしまうのは、一連のシーンのなかでたまたま画面のなかに映り込む

「素」に視聴者が気づくからである」（松山 2017：72）と述べている。松山のいう「素」として挙げられているのは、例えば、山田がワニダさんと買い物に行ったとき、卵を入れた袋を誤って落とした瞬間の表情である（第四話）。

（6）黒川の「共生」思想の形成には、中高時代の恩師である浄土宗の僧侶・椎尾弁匡の「共生（ともいき）」の思想の影響があることを黒川自身が認めている。両者の影響関係については、渡辺（2022）において報告を行っている。

文献

（Amazon Prime Video）『さようなら全てのエヴァンゲリオン――庵野秀明の一二一四日』NHK BS1、二〇二一年四月二九日初回放映。

（Amazon Prime Video）『シン・エヴァンゲリオン劇場版:||』、カラー、二〇二一年。

（DVD）今村昌平監督『人間蒸発』東北新社、二〇〇七年（映画の公開は一九六七年）。

市川浩「芸術と言語」『岩波講座　哲学XI　言語』岩波書店、一九六八年、一七五―二〇八頁。

今村昌平『映画は狂気の旅である――私の履歴書』日本経済新聞社、二〇〇四年。

浦山桐郎「シナリオ決定版　人間蒸発」『映画芸術』第一五巻第九号、一九六七年九月、七六―一一七頁。

黒川紀章『共生の思想』徳間書店、一九八七年。

『月刊ホビージャパン　九月号（特集　さようなら、全てのエヴァンゲリオン）』第五三巻第九号、二〇二一年。

坂口将史「『シン・エヴァンゲリオン劇場版:||』に見られる「特撮表現」」河出書房新社編集部編『『シン・エヴァンゲリオン』を読み解く』河出書房新社、二〇二一年、五三―六七頁。

佐藤忠男『今村昌平の世界［増補版］』学陽書房、一九九七年（初版一九八〇年）。

白石晃士『フェイクドキュメンタリーの教科書――リアリティのある〝嘘〟を描く映画表現　その歴史と撮影テクニック』誠文堂新光社、二〇一六年。

長谷川朋子「（Web記事）『シン・エヴァ』が動画配信でアマゾンと組んだ理由　決定打はEC」日経クロストレンド、二〇二一年八月三〇日、https://xtrend.nikkei.com/atcl/contents/watch/00013/01551/（二〇二二年三月二七日最終閲覧）。

氷川竜介「過去と未来を無限につなぐエンジン」『(図録) 庵野秀明展』朝日新聞社、二〇二一年、七―一三頁。

フーコー、ミシェル『狂気の歴史――古典主義時代における』田村俶訳、新潮社、一九七五年。

藤田直哉『シン・エヴァンゲリオン論』河出新書、二〇二一年。

古谷利裕『虚構世界はなぜ必要か?――SFアニメ「超」考察』勁草書房、二〇一八年。

松下哲也「『シン・エヴァンゲリオン劇場版:||』は模型のアニメである」河出書房新社編集部編『『シン・エヴァンゲリオン』を読み解く』河出書房新社、二〇二一年、三六‐五二頁。

松山秀明「山田孝之とテレビと赤羽と――ドラマでもドキュメンタリーでもないX」『ユリイカ』第四九巻第一二号〈総特集 山田孝之〉、二〇一七年、七〇―七八頁。

山田卓司(ディオラマ制作)「最終決戦、マイナス宇宙の世界で」『月刊ホビージャパン』第五三第九号、二〇二一年七月、九二‐九七頁。

渡辺哲男「「賭け」からモノローグを積み重ねるコミュニケーションへ――『君の名は。』において、三葉の〈破局の警告〉がなぜ父親を動かしたのかに着目して」渡辺哲男・山名淳・勢力尚雅・柴山英樹編『言葉とアートをつなぐ教育思想』晃洋書房、二〇一九年、七六―九九頁。

――――「黒川紀章と椎尾弁匡における「日本」――「共生」思想の戦前戦後」教育思想史学会第三二回大会コロキウム「近代仏教と教育をめぐる学説史的研究Ⅲ」報告原稿、二〇二二年九月。

あとがき――中年の日のオンライン授業の思い出――

　コロナ禍の始まりとなった二〇二〇年度、多くの大学で「オンライン授業」を導入し、Zoomなどを用いたオンライン・ミーティング、あるいは事前に授業を録画して配信する、いわゆるオンデマンド形式の授業が始まった。学生にとって、教室で目の前で授業をする教員をみるのと、パソコンやスマホの画面上で授業をする教員をみるのと、どのような違いがあるのか。そのようなことを考える余裕もないまま、私もオンライン授業初心者として、試行錯誤を繰り返すことになった。

　ゼミ系の少人数授業はリアルタイムでオンライン・ミーティングを行ったが、大人数の必修授業は、学生のネット環境への配慮から、オンデマンド配信を行うことにした。経験者はおわかりだろうが、オンデマンド配信の準備には大変な労力が必要である。一週間オンデマンドのために過ごし、授業が終わるとまた一週間オンデマンドの準備をする、その繰り返しであった。

　オンデマンド動画を配信するなかで、私の授業が倍速でみられていることに気づいたのは、動画を配信し始めて間もなくのことであった。動画のなかでいくつか課題を出し、Googleフォームに回答してもらう時間を作ったのだが、学生の回答時間が異常に早いのである。オヤッと思ってあるとき学生に聞いてみると、かなり多くの学生が、私の動画を等倍速でみていなかった。課題を考える時間が欲しいので倍速でみているとか、アルバイトに行かなければいけないので早めに回答を終える必要があり倍速でみている、さらには、予備校に通っていたとき、倍速でみたほうが頭に入りやすいからそのように再生速度を設定するよう指導されていて、それに慣れてしまった、という声もあった。

　このように、自分の作成した動画が倍速でみられているとは、まったく想像していなかった。数少ない、等倍速でみている学生にその理由を聞いてみると、自分の親が教員で、オンデマンド動画を作成するのに苦労しているのを間近でみているので、とても倍速でみることができなかった、とのこと（このコメントを読んで心が洗われた）。

　オンライン授業を始めるにあたっては、私もどのように授業すればよいか情報を収集したが、そのなかには、授業の作り方のコツとして、ひとつの項目の解説を一五分で終えるようにし、このブロックをいくつか構成して一コマの授業を作成するのがよい、とレクチャーしているものがあった。なぜならば、もちろん、長時間みると疲れるというのもあるが、いまの若者は、YouTubeなどで流される学習動画がおよそ一五分になっていて、一五分の動画をみるのに慣れているから、ということだそうである（さらにその後、稲田豊史『映画を早送りで観る人たち』（光文社新書、二〇二二年）を読み、今日の若者のありようをさらに詳しく知ることになった）。

　このように、オンライン授業は、単に家で授業を受講するということ以上に、学生の学習形態の変化をもたらした。もちろん、「なんちゃってYouTuber」となってしまった私の授業のありようも一定の変化を余儀なくされた。対面の代替としてのオンライン授業が何をもたらし、何を失わせたのかについては、オンラインの時代を通過した学生の状況を踏まえての検証が必要となろう。

　とはいえ、対面とオンラインのどちらがよいか、と問うのは生産的ではないだろう。問われるべきは、全面オンラインという時代をくぐり抜けるという経験を経た私たちにとって、「対面」の意義とは何か、ということだろう。本書において、とりわけ、古仲と山本の執筆した、コロナ禍における音楽フェスやコミックマーケットの問題は、この問題に間接的に応答している。直接オンライン授業がテーマになっているわけではないが、オンラインを経て対面に戻りつつある私たちがどう生きているかということを、凝縮して描き出しているようにも思える。そうであるならば、両名の描いたケースは、実にタイムリーな内容になってしまったわけである。

「なってしまった」というのは、少し語弊があるが、私の率直な思いでもある。ここで、本書の執筆者が揃うまでの経緯を少し述べておきたい。もともと、本書の執筆者のうち、小山、間篠、田中の三名は、私とともに二〇一八年九月から三年間、教育思想史学会で事務局長補佐という役職に就いたメンバーである。せっかくの出会いだから、単に事務仕事をするだけで終わらせるのではなく、なにか研究も一緒にしたいと思い、二〇一九年九月の教育思想史学会大会コロキウムで「ポップカルチャーの教育思想」を企画した。ヘルバルトを研究する小山、アメリカ高等教育論の間篠、アレント研究の田中、そして私の四名から「最大公約数」を抽出するのは困難を極め、とっさに出たテーマが「ポップカルチャー」であった。とっさではあったが、当時の小玉重夫会長の任期中のテーマのひとつが「専門と非専門の接続」であり、偶然にも「ポップカルチャーの教育思想」は、学会の方針に準じるものとなったのである。

その後、二〇二一年にも続篇のコロキウムを企画することになり、ここで村松、古仲、山本の三名に報告をお願いし、本書の執筆にも参画してもらうこととなった。この新しい仲間たちも、村松はアレント研究、古仲は音楽教育史、山本は中国教育史が専門で、通常書いている論文とは性質の異なる原稿をお願いすることになった。この続篇が、コロナ禍の只中で企画されたこともあり、三名からは時代状況を強く意識した報告が寄せられることになった。本書はまさに、企画時期と執筆者の組み合わせが「生み出してしまった」作品なのである。もちろん、事務局長補佐四名をこのメンバーにしてくれた、小玉重夫会長と山名淳事務局長（当時）こそ、本書の間接的な仕掛け人であり、刊行に際してまずお礼を申し上げなければならない方たちである。

序章において田中が論じたように、研究者が自分の趣味を論じることは、既に「アカ・ファン」と呼ばれる一研究領域として成立しており、本書は日本における「アカ・ファン」研究の先駆をなすことになったが、やはり田中が触れていたように、研究者が自分の趣味を「研究」することには、想像を超える困難があった。各章の結論をどのように書くか、執筆陣はかなり逡巡することになるのだが、ちょうどその頃、私は同僚の河野哲也氏から、『間合い――生態学的現象学の研究』（東京大学出版会、二〇二二年）を献本いただいた。河野氏が子どもの頃から続けてきた剣道と、趣味である能鑑賞を接続する試みとなる本書は、河野氏の著作のなかでもっともパーソナルな部分を描いたものである。タイムリーな内容であったことも手伝って興奮して読了し、氏に読後感と同趣旨の著作を作っていて苦労しているということを書いてメールを送ったところ、思い切り趣味でいった方がよい本になる、との助言が返信されてきた。この端的な一言は、私たちの逡巡を吹っ飛ばすのに十分であった。

こうした返信をいただいたことを執筆陣にも共有したところ、吹っ切れたという反応もあったし、私自身も草稿を修正することができた。「思い切り趣味でいく」ということの内実は、執筆者それぞれで異なる面もあると思うが、本書の完成直前の段階で、私たちの背中を押してくれる著作と助言をいただけたことは幸運なことであった。この場を借りて河野氏にお礼を申し上げたい。河野氏は、勤務校に着任後最初に私の研究室に入った同僚でもある。氏が入室してすぐ、私のガンプラをみて「ジオングですね。みてましたよ」と声をかけてくださったことも、着任して十年を迎える今、懐かしく思い出される。

その他勤務校の同僚では、「はしがき」に登場した、私に人文研究センターで「ガンダム」の講演をするよう、私が何度断っても懲りずにお誘いくださった、当時のセンター長であった上田信氏、講演を引き受けたものの、ひとりで登壇するのはあまりに不安で、困ったときのつねとして、対談者として一緒に登壇してもらった（いつもそれぞれの企画にお互いを巻き込み合う）和田悠氏のおふたりに、特にお礼を申し上げたい。

こうして、さまざまなきっかけと人々のご支援がもととなり、苦闘の末に完成したのが本書である。では、教育学の研究者が「ポップカルチャーの教育思想」を論じた意味はどこにあるだろうか。実は、編者である私自身、こうして執筆者の原稿を受けとって、この「あとがき」を執筆する現在においてもその解答が出せないでいる。ただ、仲間たちの原稿を読んで思ったのは、とにかく執筆者の性格がよく出ている、ということである。『ジョジョ』が好き、『ガンダム』が好き、それは読めば分かるのだが、そうしたものを「推す」当事者の人となりとでもいえるものが、文章から伝わってくる。恐らく、通常のそれぞれの専門の論文を読む以上に、である。

だとすれば、本書を手に取った後、できれば、執筆者が発表している、専門について論じた「本店」の論文や著作も、ぜひ手に取っていただきたい。「本店」の面白さが、本書によってより面白く感じられるはずである。「本店」「夜店（支店）」それぞれの研究が、その人「らしい」な、と思えてくるだろう。また、執筆者それぞれが、「研究」をどう考えているかということも、各章の論述から読み解けるように思われる。

このこととの関連で、執筆者全員に共有されていた点をひとつだけ指摘しておきたい。それは、執筆者全員が、「研究」と「大学の授業」を連関させ、大学の授業を改善することと自身の研究の進展に繋がりを見出していたということである。

例えば、『ガンダム』、『ジョジョ』、『ハイキュー!!』、『エヴァ』などは、当該章の執筆者が普段の授業で学生の理解を助けるために資料として用いている素材である。学生を襲う睡魔に負けないよう、彼らを惹きつけるための話題提供をするというのがことの始まりではあろうが、今自分が話している問題をマンガやアニメーション、小説などという具体を通して語ってみるとどうなるか、ということをいつも考えていなければ、今回の原稿を執筆することは不可能であった。間篠は、執筆章の内容を実際に大学の授業で扱い、学生からの反応をフィードバックして原稿を完成させている。また、序章を執筆した田中は、以前の職場で十五分程度の学び動画を作成する業務に携わっていた。今後の学生の学びがどのように変わっていくかを常に考えなければならない環境にあったからこそ、こうした論稿を執筆することができたはずである。

その意味で、私たちは、共通して、「大学の授業」を面白くできないかと考えながら、日常生活で触れているマンガやアニメーション、小説などと「研究」を接続しようとすることを繰り返してきたし、日常に潜む「研究」をつねに探してきたということになる。しかしながら、つねに日常を「研究」するということは、イバラの道である。この意味で、この企画の出発をともにした四名はともかく、新たに加わった村松、古仲、山本の三名には、単純に楽しんでいた趣味世界を「研究」するという無理を強いてしまったかも知れない。このイバラの道に巻き込んでしまったことを編者として申し訳なく思う。だが、例えば第4章の後半において、「推し」ている当人である村松が、「推し」の時代性を読み解くという「自己分裂」を起こしたことを、楽しみながら書いてくれているように思えるのは、私の無茶振りへの優しい応答であったように思えた。

執筆者が集うオンラインの原稿検討会はいつも盛り上がり、時に七時間以上に及ぶこともあったが、終了後、みな「楽しかった」「研究の楽しさを改めて感じた」と言ってくれた。私のわがままに付き合ってくれた仲間たちにあらためて「ありがとう」。そして、これからもよろしく。

ところで、前著『言葉とアートをつなぐ教育思想』には、当時の同僚・大嶋彰氏の作品を表紙に使わせていただいた。今回は、若い仲間との仕事ということで、表紙も若手の作品を使いたいと考え、かつての教え子であり、現在は画家となって活躍している菊地虹氏の作品を表紙に用いた。この作品、実は私の新居の新築祝いとしていただいたものなのだが、終章で触れた「共生」を体現した作品だと直感し、表紙に使わせてもらいたいとお願いした。彼の作品は、既に兼近大樹『むき出し』（文藝春秋、二〇二一年）の表紙に使用され好評を得ているので、本の表紙としてはこれが二回目となる。おもちゃ箱をひっくり返したような不思議な抽象画であるが、私が自室でこの作品をみながらそうしているように、時間を忘れて、楽しんでご覧いただければと思う。

本書刊行にあたっては、当初『言葉とアートをつなぐ教育思想』をご担当いただいた、晃洋書房の井上芳郎氏に企画をもちこんだ。井上氏は、企画内容に舌を巻いた、と返信くださり、本書の執筆をスタートさせることができた。その後、坂野美鈴氏に編集業務が引き継がれ、本書の刊行まで伴走していただいた。坂野氏からは、とりわけ図版の使用の許諾について、これまでの経験も踏まえて的確な助言をいただき、私たち執筆者は、不慣れな出版社との交渉にあたることができた。編集者同士ではなく、まずは執筆者本人が出版社に直接連絡してみるのがよい、というのが坂野氏の助言のひとつであった。そのおかげで、私も自分の人生で電話するとは夢にも思わなかった出版社に電話をかけることとなった。貴重な体験を提供してくださった坂野氏、そして井上氏に、深く感謝申し上げたい。

最後に、本書は、二〇二二年度立教大学出版助成を受けて刊行されることとなった。「アカデミック・ファン」という、馴染みのない用語をタイトルに用いた本書の学術的価値を認めてくださった立教大学出版会、ならびに、細大漏らさず査読コメントをお寄せくださった査読者の方に、心よりお礼を申し上げる。

私たちは、本書をゴールとするつもりはない。私自身、学会の懇親会、勤務先での兼任講師との懇話会などで、初めて話をした人たちと、「ガンダム」を共通言語にして盛り上がった経験をもっている。「ガンダム」はもとより、本書の内容に関心を示してくれる方は、限りなく存在すると信じている。このイバラの道に同行してみたいという方には、ぜひ声をかけていただきたいし、私たちも新しい仲間を求めてこれからも流浪を続けていきたい。

二〇二二年五月二日

編者　渡辺哲男

《表紙カバー作品の作者紹介》

菊地　虹（きくち　こう）

1994年東京都生まれ．現在，東京藝術大学大学院美術研究科芸術学専攻美術教育研究分野修士課程在籍．御茶の水美術学院講師．主な受賞歴として，「アクリルガッシュビエンナーレ2018」入選，「ターナーアワード2021」大賞，「未来展」日動社員投票賞など．個展，グループ展，装画など多数作品発表を続けている．

表紙カバー作品

《SPECTRUM PRACTICE 22.5.8》91×116.7 cm　キャンバスにアクリル絵具，透明水彩，紙，コルク，紙粘土　2022年．

《執筆者紹介》（執筆順，＊は編著者）

＊渡辺哲男（わたなべ　てつお）［はしがき，第１章，終章，あとがき］

田中智輝（たなか　ともき）［序章］

広島県生まれ．東京大学大学院教育学研究科博士課程単位取得退学．博士（教育学）．現在，山口大学教育学部講師．主著に『学校が「とまった」日――ウィズ・コロナの学びを支える人々の挑戦』（共著，東洋館出版，2020年），『ワークで学ぶ道徳教育』（分担執筆，ナカニシヤ出版，2017年），「教育における「権威」の位置―― H. アレントの暴力論をてがかりに」（『教育学研究』第83巻第４号，2016年）など．

間篠剛留（ましの　たける）［第２章］

1984年山梨県生まれ．慶應義塾大学大学院社会学研究科教育学専攻博士課程単位取得退学．博士（教育学）．現在，日本大学文理学部准教授．主著に，「高等教育とデモクラシー――アメリカにおけるラーニング・コミュニティ論の歴史的展開から」『近代教育フォーラム』（第29号，2020年），“Not for Democracy?: Service-learning in Japanese Higher Education as Compared to the United States,” Educational Studies in Japan 16（2022），『教育の哲学・歴史』（分担執筆，学文社，2017年）など．

小山裕樹（おやま　ゆうき）［第３章］

1980年東京都生まれ．東京大学大学院教育学研究科博士課程単位取得退学．博士（教育学）．現在，聖心女子大学現代教養学部准教授．主著に『西洋教育思想史【第２版】』（分担執筆，慶應義塾大学出版会，2020年），『哲学の変換と知の越境――伝統的思考法を問い直すための手引き』（分担執筆，法政大学出版局，2019年），『「甘え」と「自律」の教育学――ケア・道徳・関係性』（分担執筆，世織書房，2015年）など．

村松　灯（むらまつ　とも）［第４章］

神奈川県生まれ．東京大学大学院教育学研究科博士課程単位取得退学．博士（教育学）．現在，帝京大学宇都宮キャンパスリベラルアーツセンター講師．主著に『学校が「とまった」日――ウィズ・コロナの学びを支える人々の挑戦』（共著，東洋館出版，2020年），『「未来を語る高校」が生き残る――アクティブラーニング・ブームのその先へ』（共編著，学事出版，2019年），『教育の哲学・歴史』（分担執筆，学文社，2017年）など．

古仲素子（こなか　もとこ）［第５章］

1987年秋田県生まれ．東京大学大学院教育学研究科博士課程単位取得退学．現在，簡野学園羽田幼児教育専門学校専任講師．主著に『学校文化の史的探求――中等諸学校の『校友会雑誌』を手がかりとして』（分担執筆，東京大学出版会，2015年），「1900年代～1910年代における旧制中学校の音楽教育――東京府立第三中学校学友会音楽部の活動に着目して」（『音楽教育学』第44巻第１号，2014年）など．

山本一生（やまもと　いっせい）［第６章］

1980年オーストラリア生まれ．東京大学大学院教育学研究科博士課程修了．博士（教育学）．現在，鹿屋体育大学スポーツ人文・応用社会科学系准教授．主著に「戦後国民政府期における青島の中等学校教職員――華北占領期からの連続性を中心に」（『中国研究月報』第76巻第１号，2022年），『日本の植民地教育を問う――植民地教科書には何が描かれていたのか』（分担執筆，皓星社，2020年），『青島の近代学校――植民地教員ネットワークの連続と断絶』（皓星社，2012年）など．

《編著者紹介》

渡 辺 哲 男（わたなべ　てつお）

1977年埼玉県生まれ．日本女子大学大学院人間社会研究科教育学専攻博士課程後期単位修得満期退学．博士（教育学）．現在，立教大学文学部教授．主著に『「国語」教育の思想——声と文字の諸相』（勁草書房，2010年），『言葉とアートをつなぐ教育思想』（共編著，晃洋書房，2019年），『哲学する道徳——現実社会を捉え直す授業づくりの新提案』（分担執筆，東海大学出版部，2017年）など．

ポップカルチャーの教育思想
——アカデミック・ファンが読み解く現代社会——

2023年2月28日　初版第1刷発行　　＊定価はカバーに表示してあります

編著者　渡 辺 哲 男©
発行者　萩 原 淳 平
印刷者　江 戸 孝 典

発行所　株式会社　晃 洋 書 房
〒615-0026　京都市右京区西院北矢掛町7番地
電話　075（312）0788番㈹
振替口座　01040-6-32280

装幀　HON DESIGN（北尾 崇）　印刷・製本　共同印刷工業㈱

ISBN978-4-7710-3723-6